배움의 주인공이 되는
그림책 생각대화

" 존중과 배려와 성장을 이끄는
17가지 그림책 대화법과 활동지 "

배움의 주인공이 되는
그림책 생각대화

구은복 지음

함께 대화 나누며 보낸
선물 같은 시간 ♥

에듀니티

프롤로그

경청과 존중을 부르는
그림책 생각대화

아이들은 말하기를 무척 좋아합니다. 하지만 수업 시간에는 한자리에 앉아 쉴 틈 없이 들려오는 말을 듣기만 할 때가 많습니다. 학교에서뿐만 아니라 학원에서도 상황은 크게 다르지 않고요. 그렇다보니 자신이 배운 부분에 대해 스스로 꺼내 볼 기회가 적고, 막상 배우는 시간에 생겨난 질문을 꺼내는 것도 약점을 드러낸다고 생각해요.

그래서 '그림책 생각대화 수업'을 하면서 아이들과 맨 처음 해본 것은 '생각나는 키워드 말하기'였습니다. 그전에는 그림책을 읽고, 느낌 정도만 나눌 뿐이었어요. 다른 선생님들도 그림책 수업을 하면서 특별한 방법 없이 그저 읽어주기만 해서 고민이 된다고 했는데, 새로운 방법을 찾은 것이죠. 이는 수업에 의미를 부여하고 싶었던 마음이 가져온 결과물이기도 했어요.

그런데 뜻밖의 반응이 일어났습니다. 평소 아이들과 나눈 대화의 주제는 감정, 환경, 가족, 꿈 등이 대부분이었지만, '그림책 생각대화 수업'을 하면서부터는 자기 자신을 돌이켜보는 내용이 중심이었습니다. 또 "이렇게 내 생각을 많이 꺼내도 되나요?"라고도 했죠. 그러면 모두가 미소를 지었습니다. 누구나 말을 할 수 있지만, 함께 있는 자리에서 꺼내기는 쉬운 일이 아닌 데다가, 일반적인 수업 풍경과는 사뭇 다르니까요. 특히 그림책 생각대화 시간에는 아이들이 보통 옹기종기 모여 있거든요.

한편, 수업에 동참한 아이들은 자신의 이야기를 다른 누군가가 듣고 있다는 사실을 처음에는 제대로 알아차리기 어려워했어요. 다른 친구들이 자신의 이야기를 진심으로 경청하고 있고, 다음 이야기마저도 궁금해한다는 사실을 말이에요. 하지만 대화가 몇 번 이루어지고 나니 제대로 느끼고 있는 게 눈에 보였습니다.

　아무래도 아이들은 수업 시간에 그저 참여만 하면 되는 줄 알고 있는 듯해요. 그러나 점차 함께 나누는 대화의 즐거움과 서로가 소중한 존재임을 깨닫게 되었죠. 그로 인해 아이들은 시간 가는 줄도 모르고 계속해서 이야기를 나눴어요. 그것은 아이들이 직접 경험한 경청과 존중의 가치였습니다.

"그림책 생각대화 시간은 저에게 '옷' 같아요. 그림책을 읽고, 생각대화를 나눌 때마다 새로운 옷을 입는 것 같아요. 따뜻하고, 포근한 옷처럼 선생님과 친구들 말이 저를 감싸주는 것 같거든요."

이 책은 그림책 생각대화 수업을 하면서 아이들이 변화해 간 이야기를 담았습니다. 대화를 나누는 아이들은 서로의 기분을 이해하고 공감하면서 고개를 끄덕이게 되었어요. 자신의 이야기도 편안하게 꺼낼 수 있게 되었고요. 이렇게 그림책 생각대화는 아이들을 따뜻한 일상에 스며들게 했습니다.

{ 차 례 }

4   프롤로그

PART 1.
그림책 생각대화, 이렇게 시작해요

12   - 생각대화로의 초대
17   - 배움의 주인으로 만드는 생각대화의 출발

PART 2.
그림책 생각대화 실천 편

22   1. 마음을 다루는 기특해 생각대화

30   2. 자신감을 키우는 키워드 중심 생각대화
31   - 수레바퀴 생각대화
39   - 손바닥 생각대화
47   - 키워드 칸칸 생각대화
55   - 연결 칸칸 생각대화

64	3. 뿌듯함이 깃든 질문 중심 생각대화
65	- 단감 Q 생각대화
74	- 안경 Q 생각대화
83	- 벌집 Q 생각대화
92	- 왜만어 생각대화
101	4. 협력을 이끄는 문제 해결 중심 생각대화
102	- 신호등 생각대화
110	- 해결돼지 생각대화
118	- 나무 생각대화
126	- 메타포 해결기차 생각대화
135	5. '나'를 돌이켜보는 성찰 중심 생각대화
136	- 메타포 선물시간 생각대화
144	- 메타포 거울시간 생각대화
152	- 보석친구 생각대화
160	- 배움지도 생각대화
168	에필로그
172	마지막으로 전하는 성장 톡톡

– PART 1 –

그림책 생각대화, 이렇게 시작해요

01

생각대화로의 초대

생각대화 시간에는 아이들이 마주 앉습니다. 서로의 생각을 나누기 위함이지요. 자기 생각만 말하는 것이 아니라, 친구의 이야기도 듣습니다.

"원래 살던 곳에서 쫓겨난 멧돼지는 억울한 마음이 클 것 같아요. 처음부터 그곳은 멧돼지 집이었잖아요. 사람들은 왜 자신들의 집을 만들려고 마음대로 결정하나요? 멧돼지에게는 선택권이 전혀 없는 건가요?"

이는 그림책 『지혜로운 멧돼지를 위한 지침서』[1] 속 멧돼지 모습을 차근차근 떠올리며 나눈 대화의 일부입니다. 이처럼 아이들은 등장인물의 입장을 살펴보고, 자신이 불편하게 느낀 장면에서 문제를 해결하는 방법을 고민합니다. 그러면서 아이들은 각자 나름의 입장을 가지게 되고, 자신의 입장을 전하려고 애씁니다.

---

1) 『지혜로운 멧돼지가 되기 위한 지침서』 권정민. 보림. 2016

그림책 『터널』[2]을 만났을 때도 마찬가지입니다. 새로운 길을 찾아 나서야만 하는 토끼에게 어떤 일이 생겼는지 자세하게 들여다보기도 하고, 친구 이야기에 귀 기울이면서 아이들은 새로운 마음을 느끼기도 합니다. 아이들이 이전에는 느껴보지 못했던 일이에요. 또 미처 보지 못하고 놓쳤던 장면에서 새로운 의미가 느껴지기 시작하고요.

그래서 아이들은 그림책 장면을 더 자세히 보려고 애씁니다. 그로 인해 조용했던 교실은 다양한 높낮이로 일렁이는 파도처럼 아이들의 생각과 감정으로 출렁거립니다. 마침내 오롯한 배움의 주인이 되어 자기 생각을 분명하게 바라보게 된 것이죠.

그 과정에는 아래와 같은 5가지 실천 방법을 기준으로 삼고 있습니다. 이로써 배움의 주인인 아이들이 최선을 다해 각자의 생각을 나누도록 돕는 것이지요.

그림책 생각대화 5가지 실천 방법

- **기특해 생각대화**
  - 특별하게 남은 장면에서 떠오르는 생각으로 나누는 대화
- **키워드 중심 생각대화**
  - 인상 깊은 키워드로 경험을 이해하며 나누는 대화
- **질문 중심 생각대화**
  - 질문하며 서로의 입장을 펼치며 나누는 대화
- **문제 해결 중심 생각대화**
  - 해결하고 싶은 상황과 방법에 집중하며 나누는 대화
- **성찰 중심 생각대화**
  - 자신을 돌아보며 자신의 일상을 돌보는 대화

---

2) 『터널』 헤게 시리(글). 마리 칸스타 욘센(그림). 책빛. 2018

그렇다면 각각의 생각대화는 어떻게 이루어지는 걸까요? 지금부터 하나하나 살펴보기로 해요.

마음을 다루는 기특해 생각대화

'기특해 생각대화'에서는 그림책을 읽고 어떤 기분이 들었는지를 나눕니다. 내 감정을 표현하고 다른 사람들에게 이해받는 경험을 하지요.

사실 기분에는 정답이 없어요. 그래서 자신이 애쓰고, 시간을 들여서 살펴야 하죠. 이렇게 자기 마음을 잘 알게 되면 진짜 마음과 다른 선택을 해서 후회하는 일이 줄어들어요. 한마디로 그림책 장면을 통해 마음을 꺼내 대화를 나누면서 자기 마음을 다루는 힘이 커지는 거예요.

기분에 관해 이야기를 나누고 난 뒤에는 자신에게 특별하게 느껴진 장면을 골라 그림책 속 인물 입장에서 마음이나 생각을 떠올려 봐요. 틀렸을까 봐 두려워할 필요 없이 안전하게 마음껏 이야기를 꺼낼 수 있지요. 그뿐만 아니라 고른 장면에서 등장인물이 나에게 해주고 싶은 말을 떠올리면, 다양한 문제 속에서 새로운 생각을 꺼내는 기회도 되지요. 그 상황을 조금 더 세밀하게 바라보고 이해하는 시간이기도 하고요.

자신감을 키우는 키워드 중심 생각대화

'키워드 중심 생각대화'는 말 그대로 그림책을 읽고 어떤 주제나 키워드를 중심으로 자기 생각을 꺼내는 방식입니다. 다른 사람과 비교하고 경쟁하는 시간이 아니라, 자신이 중요하게 느낀 키워드를 자유롭게 고르면서 서로 다른 시선으로 그림책을 바라봅니다.

다른 사람의 평가를 기다려야 하는 일이 아니라서 각자의 입장에서 바라보고 탐구하면서 새로운 아이디어를 떠올리기도 하지요. 그렇게 아이들은 편안하게 꺼내는 키워드를 서로 환영하면서 자신감도 커집니다.

뿌듯함이 깃든 질문 중심 생각대화

질문은 아이에게 어떤 힘을 줄까요? '질문 중심 생각대화' 시간에는 다른 누구도 아닌, 내가 만든 질문으로 대화에 참여해요. 배움 장면에서 자신을 소외시키지 않고, 배움의 주인으로 질문을 하며 대답합니다. 이때 오랫동안 곰곰이 생각하며 머물러요. 그렇게 각자 생각이 오고 가고 이해의 끄덕임으로 대화가 채워집니다. 그러면 '내가 만든 질문이 친구들에게 소중하게 다루어지는구나.' 하는 뿌듯함이 대화 내내 맴돕니다.

여기서 저의 역할은 아이들이 계속 머물 수 있게 하여 차분해지는 생각 근육을 길러주는 것입니다. 재미있는 점은 질문으로 대화할수록 표정으로 나타나요. 심각하게 고민하는 순간들이 말이죠.

협력을 이끄는 문제 해결 중심 생각대화

대화를 이어지게 하는 힘은 문제를 해결하는 과정에서 생겨납니다. 문제를 살펴보면서 함께 고민하고, 해결 방법을 절실하게 찾으면서 협력이 일어나는 것이지요.

'문제 해결 중심 생각대화'는 이 믿음에서 출발했습니다. 그림책 장면에서 어려움에 빠져있는 누군가의 괴로움을 덜어내 주기 위한 해결책을 모색합니다. 혼자 고민하는 것보다 서로 이야기를 나누면서 해결에 대한 책임감이 강하게 나타납니다. 그 책임감은 아이들 나름의 최선책을 선택하게 하기도 하고요. 해결해야 하는 상황을 충분히 이해하며 협력을 제대로 경험하는 것이지요.

'나'를 돌이켜보는 성찰 중심 생각대화

일상에서 아이들은 자신을 돌아보는 대화를 얼마나 하고 있을까요? '성찰 중심 생각대화'에서는 그런 대화를 하는 시간을 가집니다.

그림책을 읽고 자신을 돌이켜보는데, 그림책 장면과 연결해서 나는 어떤 경험을 하고 있는지 떠올려 보는 방식으로 진행합니다. 그림책 속 장면과 나를 계속 견주면서 나를 낯설게 바라보는 것이죠.

이렇게 나를 발견하는 시간이 늘어나고 대화를 나누면서 따뜻한 느낌이 감돌아요. 대화에 참여한 나도, 다른 사람들도 나에 대해 새롭게 알게 되면서 자신을 더 깊게 이해하게 됩니다. '내 생각이 맞나?', '나만 이럴까?' 고민하는 시간이 더욱 나답게 느껴지는 순간이기도 하고요. 평소 생각해 보지 못했던 '나'에 대해 알아가는 시간이지요.

02

배움의 주인으로 만드는
생각대화의 출발

많은 분이 생각대화 수업을 시작한 계기를 물어봅니다. 그럴 때마다 그날 본 아이들의 모습을 떠올리곤 합니다.

어느 날, 문득 수업 중에 아이들 표정을 바라보았어요. 긴장감이 감돌아 건드리기만 해도 화를 낼 것 같기도 했고, 어떤 말을 해야 할지 몰라 가만히 듣고만 있기도 했어요. 물론 어떤 이야기를 해도 즐거워하는 아이도 있었죠. 아무튼, 모든 아이가 수업에 기쁘게 참여하고 있지는 않았습니다.

그 후로 아이들이 수업에 제대로 참여하지 못하는 이유를 곰곰이 생각해 봤어요. 아이 대부분은 선생님 안내를 받으며 공부를 착실하게 해나가지만, 공부 내용을 전달받느라 바빠 보였어요. 또 배우기를 포기한 아이도 제법 있어요. 수업 내내 무기력한 표정을 보였거든요. 마치 수업 내용을 알고 싶어 하지 않는 듯했죠.

그 현실이 안타까웠던 저는 아이들이 조금 더 적극적으로 수업에 참여하면 좋겠다 싶었습니다. 이왕이면 아이들이 수업을 통해 행복감을 느꼈으면 했고요. 그것이 교사인 저의 소명이기도 했습니다.

'생각을 갖는다는 것'은 어떤 의미일까요?

저는 이렇게 정의합니다.

'지금, 이 순간 새롭게 마주한 장면에서 떠오른 생각을 들여다보고, 그 느낌을 확인하는 행동. 그리고 그것을 정리해서 전달하는 일'

이미 알고 있는 지식을 자랑처럼 내세우는 게 아니죠.
  그런데 아이들은 자신의 입장을 표현할 수 있나요? 답은 'NO'에 가깝습니다. 왜냐하면 자기 생각이나 의견이 무엇인지 충분히 탐구하는 시간이 필요하거든요. 게다가 탐구해서 알게 되거나 느낀 것을 분명하게 드러내는 시간도 필요해요. 그래서 아이들에게 충분히 머무는 시간을 선물하고 싶어 '생각대화'라고 이름을 붙이고, 본인의 생각을 표현하는 시간을 마련했습니다.
  그림책 수업 때와는 완전히 다른 분위기였습니다. 그림책 수업은 그림을 보여주며 글만 읽어주어서인지 아이들이 편안한 미소를 짓기만 했다면, 생각대화를 하면서부터는 고민하는 아이들이 보였거든요. 그 이유는 바로 지금까지 제대로 다루어보지 못했던 자기 생각을 꺼내야 하는 순간순간인 까닭이었습니다. 그로 인해 아이들은 그림책 장면에서 자기 생각을 분명하게 살펴야 했고, 그 생각을 제대로 꺼내서 전달해야 했어요. 당연히 아이들이 꺼낸 생각이 모이면서 대화는 풍성해졌어요. 아이들 표정은 고민과 편안함을 반복해 나갔고요.

　이 과정을 통해 아이들은 배움의 주인으로 자리를 지키는 느낌을 제대로 경험했습니다. 시도 때도 없이 찾아드는 무기력과 두려움을 스스로 물리칠 때도 있었고요. 물론 처음부터 그렇게 된 것은 아니었어요.

　그림책 수업은 단순한 지식을 찾아내는 것보다는 생각대화를 나누며 제 생각을 자유롭게 표현하는 시간으로 채워졌습니다. 저는 아이들의 참여를 이끌어 생각을 말하는 것이 얼마나 멋진 일인지 알려주며 존중의 대화 분위기를 만들어나갔고요. 더불어 평가 결과에 매달리기보다 새롭게 배운 내용에서 제 생각이 무엇인지, 그것을 정리해서 표현하도록 하는 일을 중요하게 여기도록 했어요.

　한편, 생각대화는 무엇보다 아이들을 기다려 주는 일이 필요했어요. 급하게 내달리기보다 어떤 생각이라도 소중하게 다루며 존중하는 분위기를 위해서는 기다림이 중요했거든요. 이로써 서로의 생각을 기다리며 생각대화 수업을 본격적으로 시작할 수 있었어요.

- PART 2 -

그림책 생각대화 실천 편

· 01 ·

마음을 다루는
기특해 생각대화

『마음여행』 | 김유강 | 오올 | 2020

기특해 생각대화에서는 그림책 『마음여행』이 주제도서입니다. 이 책을 선택한 이유는 주인공 아이가 자신의 마음을 잃어버리고 나서 무엇을 해야 할지, 어떻게 하면 되는지 아무것도 생각하지 못했을 때, 스스로 마음을 아는 것이 중요하다고 느낀 부분을 아이들도 알았으면 하는 마음에서였어요. 이 그림책의 주인공처럼 우리 아이들도 자신의 마음이 어떤지 제대로 알지 못하는 경우가 많으니까요. 그래서 슬픔, 화, 짜증 속에 갇혀 지내기도 쉽고요. 그런데 주인공 아이가 그 상황 속에 그대로 있지 않고, 자신의 마음을 찾아 나서는 과정을 통해 지금 당장 자신에게 마음이 필요하다는 것을 알게 됩니다.

이렇게 원하는 것을 알아내고, 그것을 찾아 나서야 할 때 어떤 마음이 가장 필요할까요? 또 지금까지 가보지 않은 길을 가야 할 때 어떤 기분이 들까요? 이런 부분을 생각하게 함으로써 아이들은 잃어버린 자신의 마음을 찾아 용기 있게 여행을 떠난 주인공을 응원하게 됩니다. 아이가 정말 원하는 것을 찾아내길 바라니까요.

이런 목표가 있었음에도 불구하고, 그림책을 읽고 난 후 어떤 질문을 해야 할지 막막할 때가 많습니다. 재미도 있으면서 의미 있는 활동을 하고 싶지만, 막상 떠오르지 않는 것이죠. 매번 좋은 아이디어가 생각나는 것도 아니고요.

그럴 때 주로 기특해 생각대화를 하는데, 아래의 질문을 활용합니다.

기특해 생각대화 질문

기: 어떤 기분이나 마음이 드나요?
특: 어떤 장면이 특별하게 기억에 남았나요?
해: 그때 인물은 어떤 말을 해줄까요? 나는 뭐라고 대답할까요?

함께 대화를 나누며 성장해요

이 질문은 친절한 안내자가 되어 스스로 또는 짝과 신나게 대화를 나눌 수 있도록 도와줍니다. 운전으로 치면 내비게이션 역할을 하는 것이죠. 게다가 몇 번만 해보면 익숙해져서 대화를 나누는 데 부담도 덜어줍니다. 여기에 더해 질문마다 활동을 제공하면, 재미도 의미도 200% 오르는 것을 느낄 수 있어요.

첫 번째 질문은 "그림책을 읽고 나서, 어떤 기분이나 마음이 드나요?"인데요. 책을 읽고 난 뒤, 떠오르는 기분이나 마음을 말하는 것입니다. 사실 자기 마음에 어떤 감정이 들어왔는지 차분하게 살펴봐야 하니 쉬운 일은 아닙니다. 지금까지 그런 시간을 가져본 적이 없으니까요. 이때 마음 단어 카드[1]를 펼쳐놓고 1~2개의 카드를 골라 대답하도록 하면 아이들은 쉽게 이야기를 꺼냅니다. 단, 기분을 말할 때는 마음 단어와 함께 그 마음을 떠올린 이유를 설명할 수 있도록 이끌어 주어야 해요. 그래야 본인의 마음을 제대로 알 수 있고, 자신의 마음과 다르게 선택하는 일을 줄여주기도 하니까요.

두 번째 질문은 "그림책 장면 중에서 어떤 장면이 특별하게 기억에 남았나요?"입니다. 말 그대로 인상 깊었던 장면을 바탕으로 이야기를 나눕니다. 첫눈에 들어온 장면을 선택해도 되고, 장면마다 쪼개어 보고 마지막까지 남은 장면을 선택해도 좋아요. 그리고 고른 장면과 그 장면을 고른 이유에 대해 서로 설명합니다. 재미있는 것은 같은 책을 읽었는데도 각자 고르는 장면이 다르다는 점과 같은 장면일지라도 선택한 이유가 다르다는 부분이에요. 그래서 수업할 때마다 신기하기만 합니다.

세 번째 질문은 "선택한 장면의 인물이 지금 나에게 어떤 말을 해줄 것

---

[1] 마음 단어 카드는 특정한 감정이나 기분과 연관된 단어가 적혀있는 수업 도구로, 감정을 이해하고, 표현할 때 활용해요. 직접 만들거나 판매하는 카드를 사용할 수 있어요.

같나요? 그 인물이 해주는 말에 나는 뭐라고 대답할 수 있을까요?"예요. 즉, 등장인물의 입장이 되어 생각해 보는 것이지요. 또 그 인물이 하는 말에 대답하면서 아이들은 완전히 그 장면 속으로 빠져듭니다. 혹 인물이 없다면 그 장면에 있는 물건을 선택해도 좋아요.

아래는 그림책『마음여행』을 함께 읽고, 기특해 생각대화를 적용해 나눈 대화인데요. 아이들은 다양한 생각을 들을 수 있다는 걸 알아갑니다.

기특해 생각대화

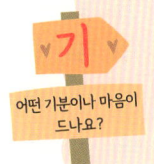
어떤 기분이나 마음이 드나요?

학생 1: 신났어요. 마음을 찾아서 주인공 친구가 여행을 다니는데, 재미있을 것 같았거든요.
학생 2: 당황스러웠어요. 내 마음대로 되지 않을 때 화가 나잖아요. 그런데 이 친구는 자기 마음을 잃어버렸으니까, 마음을 알 수 없어서 마음대로 할 수 없을 것 같아서요.

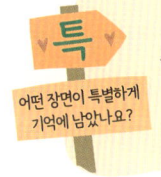
어떤 장면이 특별하게 기억에 남았나요?

학생 1: 마음이 쏙 빠져나온 장면이 생각나요. 왜냐하면 마음이 없어지면 어떤 기분일까 궁금하기도 하고, 주인공 아이가 마음을 찾아 떠나는 여행이 어쩐지 재미있어 보였거든요.
학생 2: 저는 마지막 장면에서 주인공 아이의 포기하지 않는 모습이 인상 깊었어요. 그 친구가 포기하지 않는 마음은 어떻게 생겼을까 궁금하기도 했거든요.

그때 인물은 어떤 말을 해줄까요? 나는 뭐라고 답할까요?

학생 1: 마음이 빠져나온 장면에서 주인공 아이는 이렇게 말할 것 같아요. "나 이상해 보이지? 사람들 모두 마음이 있는데, 나만 없잖아."
학생 2: "너는 마음이 없는 게 이상해서 여행을 떠났잖아. 그 여행에서 무엇을 봤어?", "그 여행이 끝났을 때, 어떤 생각이 난 거야?", "기분이 좋아진 것 같아?", "처음에는 마음이 없어져서 속상했겠지만, 마지막 장면에서 더 큰 것을 얻은 것 같은데?"

* **첫 번째 질문**

    교사: 그림책을 읽고 나서 어떤 기분이나 마음이 들었나요? 기분이나 마음을 떠올린 이유를 설명하면서 대화를 나눠 봐요.

    학생 1: 신났어요. 마음을 찾아서 주인공 친구가 여행을 다니는데, 재미있을 것 같았거든요.

    교사: 또 다른 기분이나 마음을 고른 친구가 있나요?

    학생 2: 당황스러웠어요. 내 마음대로 되지 않을 때 화가 나잖아요. 그런데 이 친구는 자기 마음을 잃어버렸으니까, 마음을 알 수 없어서 마음대로 할 수 없을 것 같아서요.

* **두 번째 질문**

    교사: 두 번째 질문으로 넘어가 볼게요. 그림책 장면 중에서 어떤 장면이 특별하게 기억에 남았나요? 장면을 골라 옆에 앉아 있는 짝에게 그 장면을 고른 이유를 설명해 보세요.

    학생 1: 마음이 쏙 빠져나온 장면이 생각나요. 왜냐하면 마음이 없어지면 어떤 기분일까 궁금하기도 하고, 주인공 아이가 마음을 찾아 떠나는 여행이 어쩐지 재미있어 보였거든요.

    학생 2: 저는 마지막 장면에서 주인공 아이의 포기하지 않는 모습이 인상 깊었어요. 그 친구가 포기하지 않는 마음은 어떻게 생겼을까 궁금하기도 했거든요.

* **세 번째 질문**

    교사: 이제 마지막 질문이에요. 두 번째 질문에서 각자 고른 장면이 있을 거예요. 그 장면에서 등장한 인물이 지금 나에게 어떤 말을 할 것 같나요? 또는 어떤 질문을 할까요? 그리고 그 인물이 하는 말이나 질문에 어떤 대답을 할 수 있을까요?

    학생 1: 마음이 빠져나온 장면에서 주인공 아이는 이렇게 말할 것 같아요. "나 이상해 보이지? 사람들 모두 마음이 있는데, 나만 없잖아."

    교사: 특별하게 느낀 장면에서 자신이 함께 있다고 상상하면서 그 인물이 해준 말에

나는 뭐라고 대답할 수 있을까요?

학생 2: "너는 마음이 없는 게 이상해서 여행을 떠났잖아. 그 여행에서 무엇을 봤어?", "그 여행이 끝났을 때, 어떤 생각이 난 거야?", "기분이 좋아진 것 같아?", "처음에는 마음이 없어져서 속상했겠지만, 마지막 장면에서 더 큰 것을 얻은 것 같은데?"

교사: 다른 친구들 생각도 들어볼까요?

학생 3: 주인공 아이는 "나는 지금 엄청나게 신나. 두근거리고. 너는 어때?"라고 물어볼 것 같아요.

교사: 이렇게 물어볼 때 뭐라고 대답할 수 있을까요?

학생 4: 나는 매일 학교 갔다가 학원 가고, 숙제하고, 밥 먹고, 씻고 자야 해. 좀 지루하고 힘들어. 네가 부러워. 주말에는 놀 수 있는데 평일에는 좀 힘들거든. 나한테도 좀 신나는 일이 없을까?

흥미롭게도 자신의 대답을 쓰면서도 계속 질문이 생겨나요. 그 질문은 주인공 아이에게 했던 질문이기도 하지만, 자기 자신에게 보내는 질문이기도 하죠. 이렇게 질문하는 시간을 보내고 난 뒤에는 아이들 얼굴에 밝은 미소가 떠오릅니다. 바로 내 마음에 집중하면서 그것을 이해하고 인정했을 때 볼 수 있는 표정이지요.

[기특해 생각대화 활동지]로 서로의 이야기를 나눠보세요.

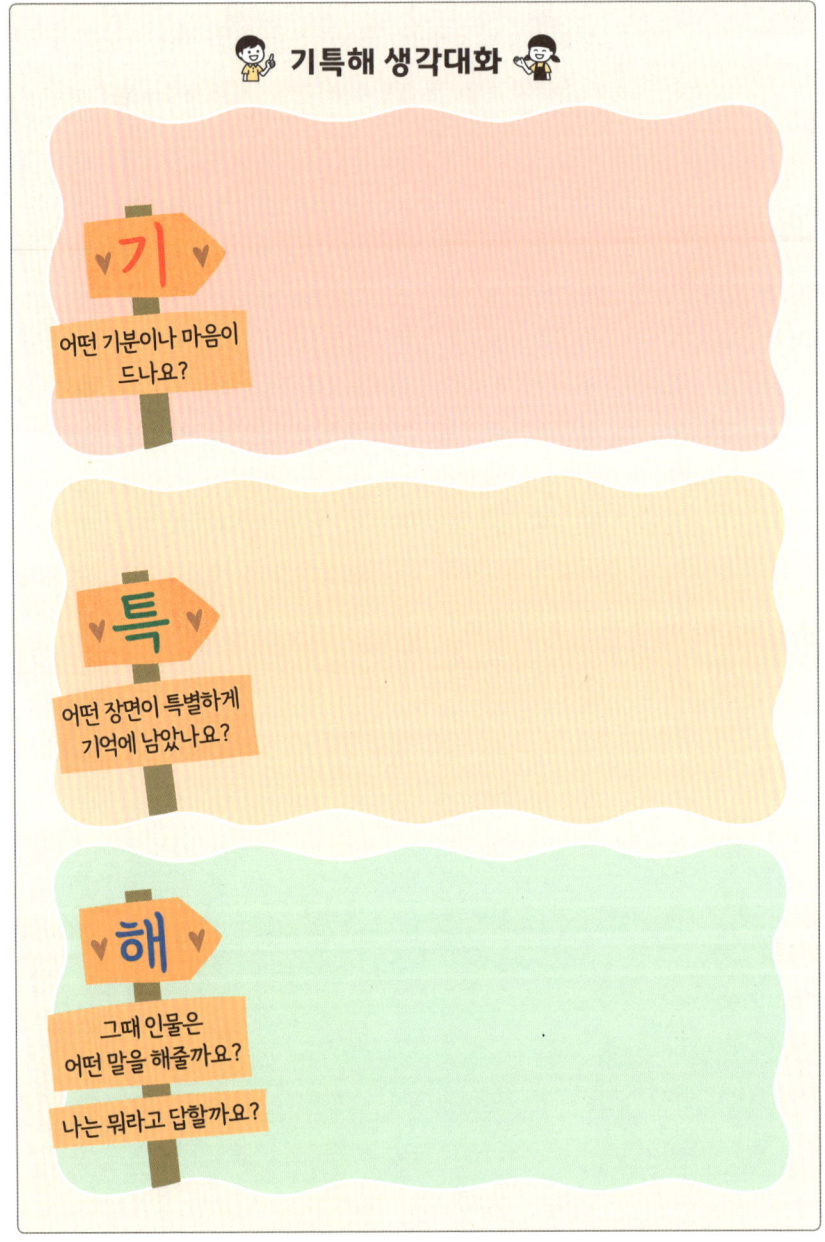

성장 톡톡

우리는 마음을 가지고 있어요.

모양도 다르고, 크기도 다르지요.

그런데 모든 사람에게 똑같은 사실이 있어요.

그것은 바로 모두의 마음이 귀하다는 거예요.

자신의 마음을 소중하게 보살피고 있나요?

내 마음이 불편하다고 신호를 보내오면,

나부터 내 마음을 알아주세요.

내 마음을 돌봐주고 아껴주세요.

이 세상 내 마음에 가장 가까이에 있는 사람은 바로 '나'이니까요.

· 02 ·

자신감을 키우는
키워드 중심 생각대화

수레바퀴 손바닥 키워드 칸칸 연결 칸칸
생각대화 생각대화 생각대화   생각대화

키워드 중심 생각대화부터는 각 4개의 방식으로 진행할 수 있습니다. 그리고 이 4가지는 키워드를 활용하여 대화를 나누도록 돕습니다.

앞서 설명했듯 키워드 중심 생각대화는 자신감을 키워주는 활동입니다. 큰 키워드와 작은 키워드를 꺼내는 '수레바퀴 생각대화', 장·단점을 살펴보는 '손바닥 생각대화', 여러 가지 키워드를 떠올려 자신만의 키워드를 선택하는 '키워드 칸칸 생각대화', 핵심 키워드와 연결 키워드를 떠올리는 '연결 칸칸 생각대화'로 이루어져 있습니다.

지금부터 본격적으로 '키워드 중심 생각대화'의 각 항목을 어떤 책으로 어떻게 활용하는지 안내하도록 하겠습니다. 그 첫 번째는 '수레바퀴 생각대화'입니다.

자신감을 키우는
키워드 중심 생각대화

수레바퀴 생각대화

『내일』| 백혜영 | 고래뱃속 | 2022

수레바퀴 생각대화의 주제도서는 그림책 『내일』입니다. 이 책을 선택한 이유는 책 표지의 제목과 장면처럼 내일을 향해 걷는 아이들의 마음이 궁금하기도 하고, 자신의 하루를 어떻게 살피는지도 알고 싶었어요.

한편, 그림책의 주인공 '오늘'은 궁금한 것을 과학자, 미래학자, 점술가에게 물었어요. 하지만 그 누구도 오늘이의 궁금증을 속 시원하게 해결해 주지는 못했습니다. 알고 싶은 것을 찾아 바쁜 하루를 보냈지만 원하는 답을 알 수 없었지요.

그런데 그림책 주인공처럼 우리 아이들도 매일 바쁘게 하루를 보냅니다. 하지만 하루를 차근차근 살펴볼 시간은 없죠. 그렇게 시간에 쫓기듯 다니는 아이들은 스스로에게 어떤 말을 해줄까요? 또 그림책『내일』의 제목처럼 내일이 찾아왔을 때 어떤 마음으로 맞이할까요?

아이들이 오늘과 내일 자신의 마음이 어떤지 분명하게 알아차리길 바랐어요. 그래야 오늘이든 내일이든 갑작스러운 일이 생겨도 불안함과 두려움으로 자신을 탓하지 않을 수 있을 테니까요. 특히, 마음이 불편한 상황에서도 그 순간이 끝이 아니라, 날씨가 바뀌듯 마음도 다시 괜찮아질 수 있음을 알려주고 싶기도 했어요.

이런 의도가 있었음에도 그림책을 읽고 아이들에게 간단한 내용을 떠올리도록 하는 일은 쉽지 않았어요. 예를 들어, 책에서 나온 등장인물과 인물의 마음, 있었던 일, 중요한 장소 등을 말하는 것도 어려워했어요. 사정이 이러하니, 그림책 장면을 연결해서 아이들 각자의 생각을 나누도록 하는 과정이 제대로 진행되지 않았죠. 그로 인해 한 권의 그림책이 아이들에게 대충 몇 장면만 기억하고 스치는 대상이 되는 듯했어요. 이렇게 안타까운 마음이 발단이 되어 '수레바퀴 생각대화 질문'이 탄생했습니다.

수레바퀴 생각대화는 생각을 말하기 어렵고 막막한 순간에 도움을 줄 수 있도록 설계했습니다. 시냇가에서 징검다리를 밟고 건너편으로 건너갈 수 있는 것처럼 수레바퀴 생각대화를 디딤돌로 활용하기 바랍니다.

> **수레바퀴 생각대화 질문**
>
> ① 그림책을 읽고 나서 중요하게 느껴진 키워드는 무엇인가요?
> ② 수레바퀴 중심 키워드와 관련해서 어떤 키워드가 떠오르나요?
>
> 함께 대화를 나누며 성장해요

첫 번째 질문은 "그림책을 읽고 나서 중요하게 느껴진 키워드는 무엇인가요?"인데요. 키워드 3개를 골라 가운데 동그라미에 쓰도록 합니다. 수레바퀴 생각대화는 활동지를 활용합니다. 처음에는 활동지를 혼자 작성해보고, 그것을 바탕으로 친구들과 대화하는 시간을 가집니다. 이 활동이 익숙해지면 대화하면서도 완성할 수 있게 되죠.

두 번째 질문은 "수레바퀴 중심 키워드와 관련해서 어떤 키워드가 떠오르나요?"입니다. 여기서는 앞서 기록한 수레바퀴 중심 키워드에서 연상되는 키워드를 나누면서 아이들 저마다의 생각을 들을 수 있지요. 그래서 이때는 친구의 이야기를 잘 듣고, 자신이 가진 생각과 어떤 차이가 있는지 비교하며 듣기를 강조해요. 물론 자기 생각을 친구들에게 알아듣기 쉽게 설명하는 것도 중요하고요.

이런 수레바퀴 생각대화가 몇 차례 진행되자 아이들의 변화가 눈에 보였어요. 듣는 힘, 말하는 힘, 기다리는 힘이 생기면서 깊이 있는 생각을 할 수 있게 되는가 하면, 서로를 따뜻하게 바라보게 되었어요. 처음부터 익숙하진 않았지만, 아이들은 대화에 빠져든 자신을 좋아했어요. 자신만의 생각이 분명하게 느껴져서 뿌듯하다고도 했고요. 무엇보다 동일한 장면이라도 모두의 생각이 같지는 않다는 것도 알아차렸습니다. 같은 장면에서 꺼내 놓는 키워드가 달랐거든요. 설령 꺼낸 키워드가 같더라도 그것을 고른 이유는 제각각이었습니다.

아래는 그림책 『내일』을 함께 읽고 수레바퀴 생각대화를 적용해 나눈 대화입니다. 텍스트를 통해서 느끼겠지만, 아이들은 대화를 나누며 차분하게 몰입합니다. 자신의 키워드를 설명하기 위해 장면을 샅샅이 살피고요. 또 친구들에게 자기 생각을 전달할 때는 두 눈이 빛납니다. 그러니 대화는 진지할 수밖에 없어요. 심지어 이토록 이야기 나누기를 좋아하는 아이들이 지금까지 어떻게 참고 있었나 싶을 정도입니다. 그 과정에서 본인의 의사를 잘 표현하려면 좀 더 깊이 있게 생각해야 한다는 것도 알게 되었고요.

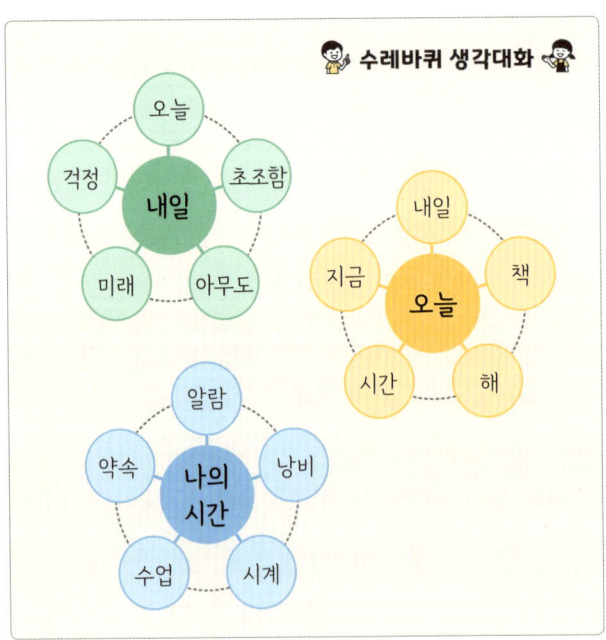

★ 첫 번째 질문

교사: 그림책을 읽고 중요하게 느껴진 키워드는 무엇인가요? 수레바퀴 중심 동그라미에 키워드를 각각 써봅시다.

학생 1: '내일' 키워드가 떠올랐어요. 이 책의 제목이기도 하고, 주인공이 그렇게 쫓으려고 애쓰기도 했으니까요.

학생 2: '오늘' 키워드가 떠올랐어요. 오늘이 있어야 내일도 있는 거잖아요. 저는 오늘이 중요하다는 생각이 들어요.

학생 3: '나의 시간'이 중요한 키워드로 떠올랐어요. 결국 오늘, 내일 모두 우리가 보내는 시간이잖아요. 내가 보내는 시간에 대해 생각해 보면 좋을 것 같아서요.

★ 두 번째 질문

교사: 이제는 수레바퀴 중심 키워드와 관련해서 어떤 키워드가 떠오르나요? 책에 나오지 않지만, 중심 키워드와 연결되는 키워드를 써도 좋아요.

학생 1: '내일'과 관련해서 '아무도'라는 키워드가 생각났어요. 사실은 아무도 내일을 알 수 없는 거잖아요. 내일은 아무도 정할 수 없다는 생각이 들고, 내가 어떻게 하느냐에 따라 달라질 수 있다고도 생각해요.

학생 2: '오늘'과 관련해서 '해'라는 키워드가 생각났어요. 시계가 시간을 나타내기도 하지만, 보통은 아침 해가 뜨면 오늘이 시작되었다고 알 수 있잖아요. 해가 뜨면 부지런히 일어나요.

학생 3: '나의 시간'과 관련해서 '알람'이라는 키워드가 생각났어요. 저는 시간을 잘 챙기려고 알람을 설정해놨어요. 방과 후 시간도 엄마가 알려주지 않아도 다닐 수 있는 게 휴대전화 알람이거든요. 저는 그렇게 저의 시간을 챙겨요. 그러고 보니까 알람 소리가 고마운 것 같아요.

예전에는 아이들이 대화를 나눌 때 '내 생각이 맞나?' 불안해하기도 하고, 친구들보다 부족한 건 아닌지 걱정도 된다고 했지요. 그런 마음을 계속 가진다면, 대화를 나누는 동안 스스로가 작게 느껴지고 대화에 참여하기 어렵습니다. 그런데 수레바퀴에 키워드를 쓰면서부터는 틀릴까 봐 두려워하는 아이들의 마음이 서서히 사라짐을 느낍니다. 이에 저는 함께 대화를 나누는 순간은 생각을 꺼내 보는 좋은 시간이라고 아이들에게 말해주었어요. 완벽한 모습이 아니더라도 열심히 참여하는 태도가 멋지다고 응원도 해주고 있죠.

[수레바퀴 생각대화 활동지]로 서로의 이야기를 나눠보세요.

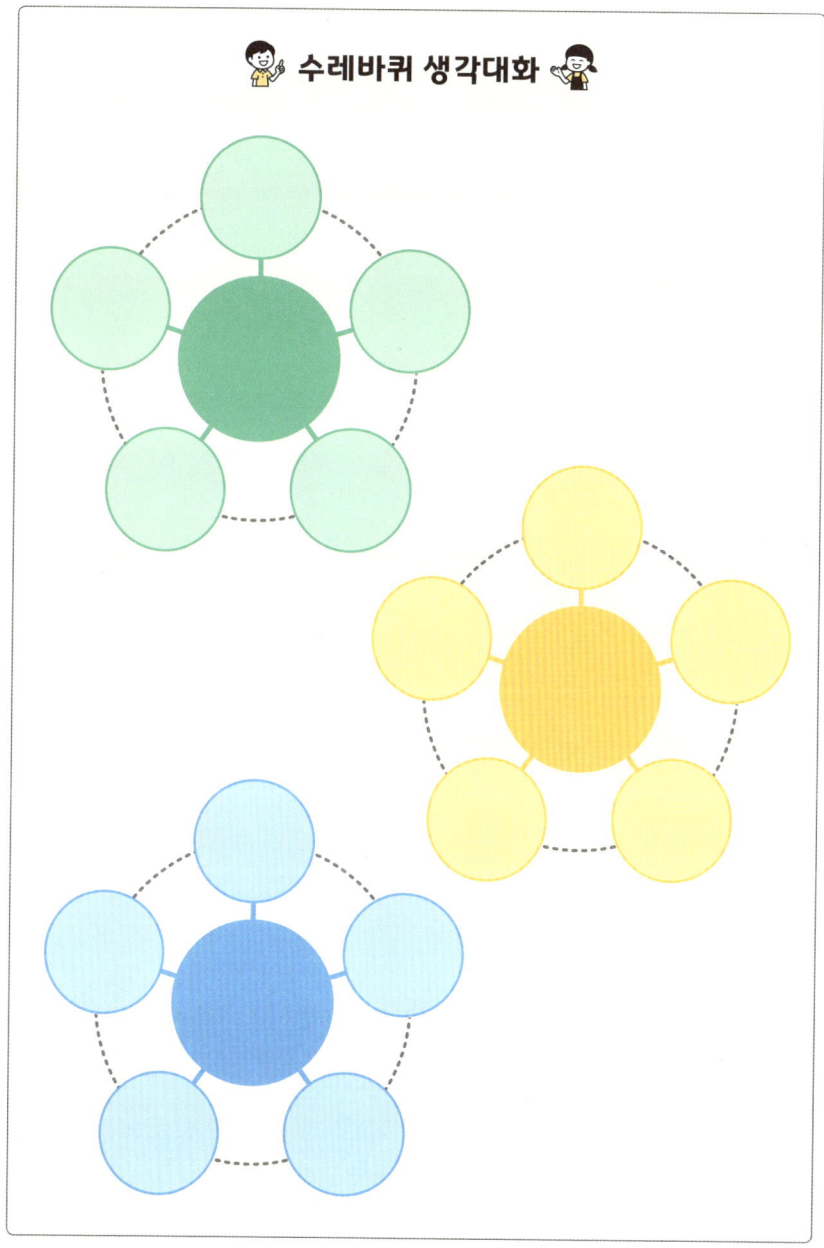

성장 톡톡

나는 시간과 에너지를 가지고 있어요.

그 시간과 에너지는 양이 정해져 있죠.

누구에게라도 시간은 24시간으로 똑같아요.

하지만 오늘이 나의 오늘이라서 소중하게 여깁니다.

나의 내일은 지금 보내고 있는 오늘의 시간이 더해져서 소중해질 거고요.

오늘과 내일에 대해 생각해 봐요.

무엇이 좋았고, 어떤 점이 부족했는지를 말이에요.

이렇게 돌아보는 시간은 나를 성장시켜 줘요.

오늘 나는 멋진 생각을 하고 있어서 기뻐요.

매일매일 나는 근사해져 있고, 그래서 내일이 더 기대돼요.

자신감을 키우는
키워드 중심 생각대화

손바닥 생각대화

『줄무늬 없는 호랑이』 제이미 윗브레드. 불의 여우. 2020

손바닥 생각대화에서는 그림책 『줄무늬 없는 호랑이』를 주제도서로 선정했습니다. 그 이유는 다른 사람과 달라서 고민하는 아이들에게 힘이 되어주는 말을 해주고 싶었거든요. 솔직히 자신의 모습 그대로를 인정하기란 쉬운 일이 아닙니다. 어른도 그러한데 아이들은 더 어렵죠. 다른 사람과의 차이는 부족하거나 모자란다고 여기니까요. 그림책 『줄무늬 없는 호랑이』의 주인공처럼 말이죠.

황금빛 눈동자를 가진 호랑이에게는 다른 친구들과 다른 점이 있었어요. 바로 줄무늬였는데요. 가족들은 괜찮다고 위로해 주었지만, 줄무늬가 없는 호랑이에게는 자신을 부족하지 않게 해줄 줄무늬가 필요했어요. 그래서 진짜 자신을 만들고 싶은 마음에 여행을 떠납니다. 그 길에서 풀 그림자가 만든 줄무늬, 날카로운 나뭇가지로 생긴 상처 줄무늬, 비바람이 흘러내려 만들어진 줄무늬를 가져보기도 합니다. 하지만 어떤 순간에도 호랑이는 자신을 있는 그대로 바라볼 용기를 내지 못했지요. 이런 호랑이가 끝내 얻어야 할 것은 무엇이었을까요?

이런 물음을 안고, 자기 모습이 달랐다고 단정 짓는 아이들을 만났습니다. 그 아이들은 다른 사람의 눈치를 보고 무기력하기도 했지요. 그뿐만 아니라 수학 문제에 정답이 있는 것처럼 아이들은 자기 모습을 다른 사람이 정해놓은 잣대에 본인을 끼워 맞추며 괴로운 시간을 보내는 듯했어요. 그렇다 보니 친구들의 놀림에 화를 내고, 무엇보다 자신의 장점보다는 단점에 집중하며 힘들어하고요.

이는 스스로에 대해 충분히 들여다볼 기회가 없어서 생긴 현상이라고 생각해요. 나에게 어떤 특별한 점이 있는지, 또 어떤 부분에서 노력하면 좋을지 조용히 떠올려 보는 시간 말이죠. 더욱이 인간의 모습에는 정답이 없습니다. 예를 들어, 어두운 바다 한가운데서 육지를 찾으려고 헤매는

한 척의 배가 있다고 상상해 보세요. 이 배가 제대로 된 길을 가도록 돕는 것은 무엇일까요? 현재 배의 위치를 기준으로 어디로 가야 할지 살펴보고, 어디까지 왔는지, 가야 할 곳까지 얼마나 남았는지 점검하는 일입니다. 다른 배와 비교하는 건 길 잃은 배 입장에서 전혀 필요하지 않아요.

이런 가치를 알려주고 싶어서 남과 다르다고 고민하는 아이들과 손바닥 생각대화를 나누며, 지금은 진짜 자신이 되기 위한 길의 중간에 있을 뿐이라고 말해주었어요. 더불어 자신이 어떻게 변해갈지는 아무도 알 수 없으니 순간순간의 경험을 긍정적으로 해석하고, 자신이 가고자 하는 길로 즐겁게 나아가는 일이 훨씬 더 중요하다고 반복해서 알려주었어요.

아래는 제 말에 귀 기울이며, 조금씩 본인의 삶에 책임을 다하려는 아이들에게 던진 손바닥 생각 질문입니다.

손바닥 생각대화 질문

① 내가 자신 있게 하거나 좋아하는 것은 무엇인가요?
② 내가 부족하다고 느끼거나 필요한 것이 있나요?
③ 나는 나에게 어떤 힘 나는 말을 해주고 싶나요?

함께 대화를 나누며 성장해요

이 질문들은 자신에게 잘하는 점도, 부족해서 노력하고 싶은 모습도 있음을 알려줍니다. 그래서인지 모두의 모습이 다르듯 손바닥 안쪽, 바깥쪽을 채우는 키워드가 제각각입니다. 틀림이 아닌 다름이지요. 그걸 확인하는 순간, 무지갯빛처럼 아이들도 자신을 다양한 모습을 가진 존재로 인지합니다. 손바닥 안쪽이든 바깥쪽이든 모두 자기 모습으로 받아들이고요.

이렇게 손바닥 생각대화를 충분히 나눈 아이들은 자기 손바닥에 채워진 키워드만큼 친구들의 손바닥을 채우는 말을 소중하게 여깁니다. 더 나아가 따뜻한 말이 오고 가면서 아이들은 서로의 마음을 토닥여 주는 시간을 보내지요.

각 질문은 이렇게 적용해요.

첫 번째 질문은 "내가 자신 있게 하거나 좋아하는 것은 무엇인가요?"로, 자신에 대해 곰곰이 생각해 본 뒤에 잘하거나 좋아하는 분야를 손바닥의 손가락 쪽에 키워드로 메모합니다. 손가락 모두를 채우지 않아도 괜찮지요. 지금의 나는 완성형이 아니니까요.

두 번째 질문은 "내가 부족하다고 느끼거나 필요한 것이 있나요?"입니다. 이 내용은 손바닥 바깥쪽에 자신이 부족하게 느끼거나 필요한 부분을 쓰는 활동입니다. 모자란다고 느끼는 것 역시 정해진 자기 모습이 아니에요. 더 노력해서 잘하게 될 수도 있고, 시간이 지나서 자연스럽게 실력을 발휘할 수도 있지요. 이러한 이유로 정해진 것은 없다는 말을 아이들에게 계속해 줘요. 그에 더해 부족한 모습을 감추는 것보다 도움을 요청하거나, 무엇이 더 필요한지 스스로 고민하는 실천이 더 좋은 경험이 된다는 점도 함께 전했고요.

세 번째 질문은 "손바닥 가운데는 잘하는 것도 있고 부족한 것도 있는 나에게 해주고 싶은 말은 무엇인가요?"입니다. 다른 사람에게 듣고 싶은 말을 써도 좋아요. 이를 통해 서로 다르지만 있는 그대로 인정하는 시간으로 채워짐을 실감합니다. 그 속에서 서로를 향한 응원까지 더해진다면 함께 머무는 교실은 매일 배움과 성장이 넘쳐나리라 믿습니다.

아래는 그림책 『줄무늬 없는 호랑이』를 함께 읽고, 손바닥 생각대화를 적용해 나눈 대화인데요. 아이들은 서로 비난하며 놀리기보다 서로를 인정하는 말이 우리가 함께 있는 공간을 훨씬 더 따뜻하게 만들어 준다는 비밀을 알게 되지요.

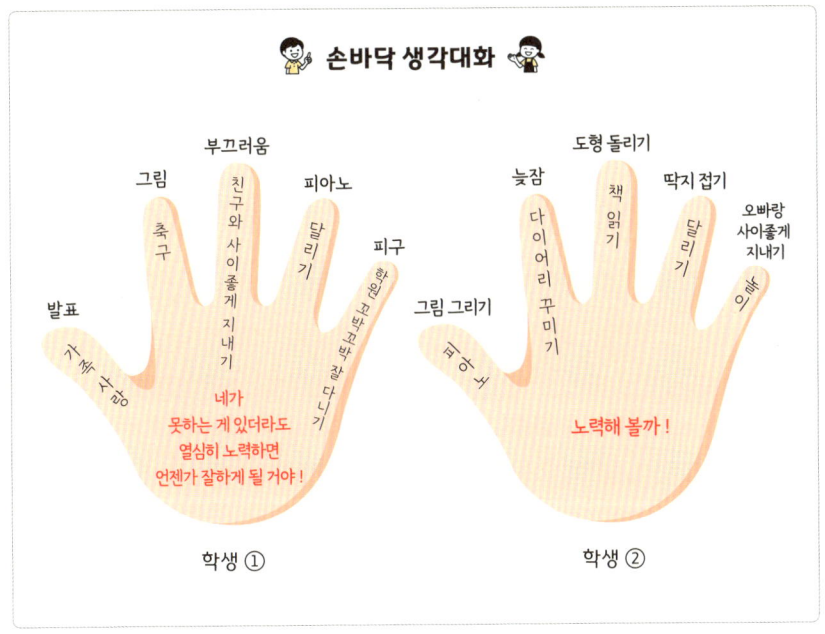

* **첫 번째 질문**

    교사: 내가 자신 있게 하거나 좋아하는 것은 무엇인가요? 곰곰이 생각해서 손바닥 안쪽에 키워드로 써봅시다.

    학생 1: 저는 가족 사랑, 축구, 친구와 사이좋게 지내기, 달리기, 학원 꼬박꼬박 다니기를 잘하는 것 같아요. 해야할 일을 차근차근히 해내는 내 모습이 좋거든요.

    학생 2: 저는 피아노, 다이어리 꾸미기, 책 읽기, 달리기, 놀이에 자신 있어요. 집중해서 하는 것을 좋아하거든요.

* 두 번째 질문

교사: 두 번째 질문으로 넘어가 볼게요. 자신이 부족하다고 느끼거나 필요한 것이 있나요? 부족한 모습도 나의 일부예요. 잘할 때까지 노력해 볼 수도 있고요. 다른 것을 더 열심히 노력해도 괜찮아요. 어떤 순간이라도 자신의 선택으로 결정된다는 사실을 꼭 기억하면 좋겠어요.

학생 1: 저는 발표하는 힘이 부족하다는 생각이 들어요. 잘하고 싶긴 한데, 늘 당황스럽고 어렵게 느껴지거든요.

학생 2: 저는 늦잠 자지 않기 위해 노력해 보고 싶어요. 일찍 일어나고 싶은데, 자꾸 늦잠을 자게 돼서 엄마한테 꾸중 듣는 것이 싫어요.

* 세 번째 질문

교사: 이제 마지막 질문이에요. 손바닥 가운데는 잘하는 것도 있고, 부족한 것도 있는 나에게 해주고 싶은 말을 적어볼까요? 이 말은 가족이나 친구들에게 듣고 싶은 말이라고 생각해도 좋아요. 어쨌든, 나에게 따뜻한 힘을 줄 테니까요.

학생 1: "너는 못 하는 게 있더라도 열심히 노력하면 언젠가는 잘하게 될 거야."라는 말을 듣고 싶어요. 노력해 보자는 말이 힘이 나거든요.

학생 2: "노력해 볼까!"라고 해주고 싶어요. 계속 하고 있는 것 같은 마음이 들어서, 끝이 아니니까 더 노력해 보고 싶은 마음이 들어요.

아이들은 이처럼 따뜻한 이야기가 오가는 교실을 좋아합니다. 서로에게 힘 나는 말을 전해 주는 친구들과 선생님을 점점 더 고마워하고요. 예전에 키가 작다고 놀렸던 자신이 어쩐지 부끄럽게 느껴지기도 합니다. 분명 서로 달라서 생기는 일인데, 그때는 틀렸다고 여겼거든요.

이렇듯 자신을 제대로 마주하며 손바닥에 키워드를 써보는 시간은 아이들에게 앞으로 멋지게 성장하는 자신을 만나게 합니다. 아주 귀한 순간이죠.

[손바닥 생각대화 활동지]로 서로의 이야기를 나눠보세요.

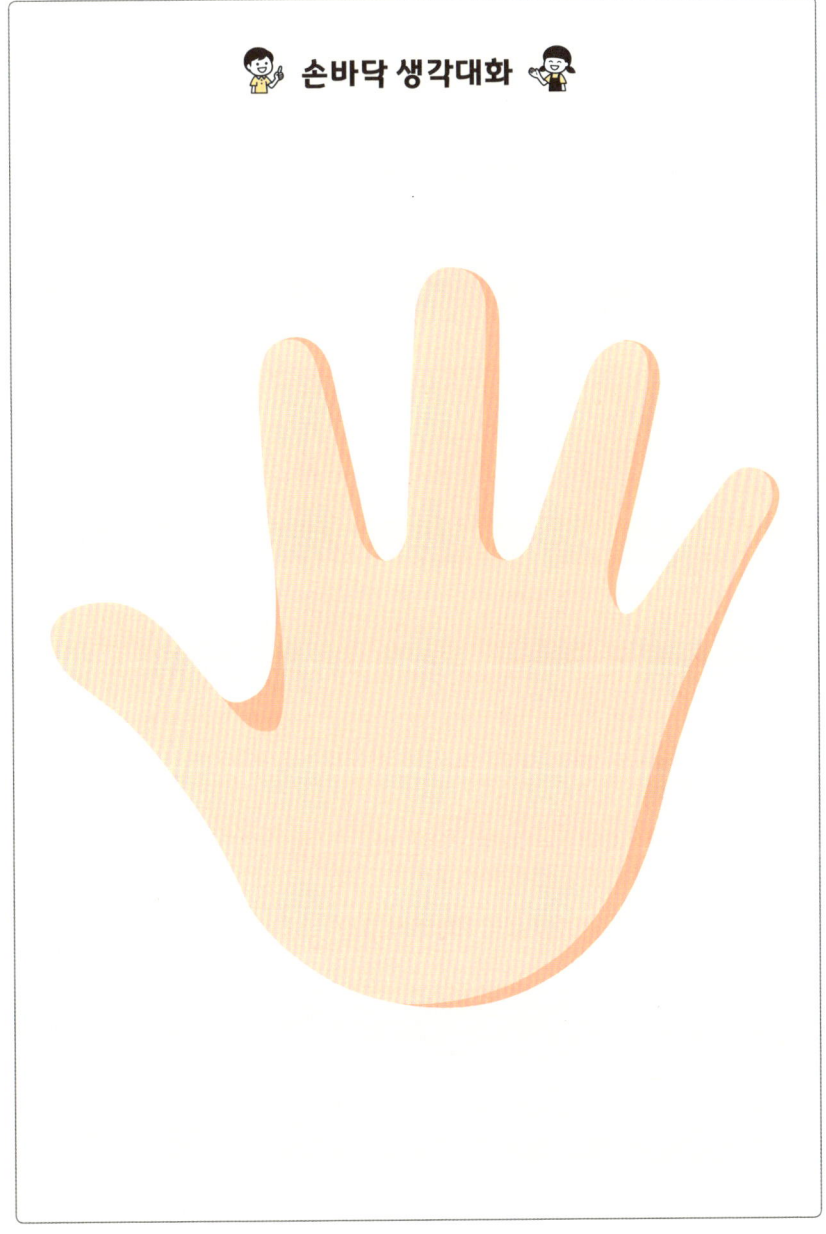

성장 톡톡

다른 사람과 다른 내 모습은
틀린 것이 아니라 다른 것이에요.
서로 달라서 우리의 모습도 서로 다르지요.
내가 잘하는 점은 친구에게 알리고,
내가 부족한 점은 친구들에게 도움을 받을 수 있지요.
함께하는 시간 동안 성장하는 우리가 좋아요.

자신감을 키우는
키워드 중심 생각대화

키워드 칸칸 생각대화

『불 뿜는 용』 | 라이마 | 천개의바람 | 2018

키워드 칸칸 생각대화 주제도서는 그림책 『불 뿜는 용』입니다. 그림책의 내용은 다음과 같아요. 주인공 '버럭이'는 불같은 화를 냅니다. 어느 날 갑자기 화가 생긴 바람에 버럭이는 불편한 마음을 어떻게 다스려야 하는지 잘 몰랐어요. 그리고 미처 생각할 겨를도 없이 나타난 화는 주변 사람들에게까지 상처를 주고 말았죠.

 이 장면을 바탕으로 저는 아이들이 버럭이처럼 감정을 쏟아내기 급급했을 때를 떠올려 보도록 합니다. 화를 꺼내기만 했을 때 상황이 좋아졌는지 생각해 보게도 하고요. 그러면 예상대로 아이들은 버럭이와 같이 화가 점점 커지는 불씨처럼 덩치만 커졌을 뿐, 멈추지 못했다는 이야기를 꺼내 놓습니다. 또 화를 쏟아내는 친구 곁에 있고 싶지 않다고도 하고요. 하지만 이렇게 자기 마음을 어떻게 하지 못할 때, 아이들은 버럭이처럼 답답해하고 속상해하기만 합니다.

 화가 난 상황에서 어떤 생각이 도움이 되는지 아이들에게 떠올려 보게 했어요. 무조건 자기감정을 드러내기보다는 불쑥 나타난 그 마음이 왜 생겼는지, 어떻게 다스려야 하는지를 고민해 보도록 하는 것이죠. 그러려면 자신의 마음을 충분히 점검하는 과정이 필요한데요. 이때는 남 탓을 하기보다 내 안의 소리를 듣는 힘이 필요하죠. 그래서 그림책 『불 뿜는 용』을 선택했습니다.

 화가 났을 때 자기 마음을 살피는 태도는 키워드 칸칸 생각대화를 나누며 천천히 생깁니다. 불편한 마음이 들었을 때 친구 탓을 하기보다 스스로 감정을 살펴보고, 마음속 불을 끄려고 다짐하는 모습도 보이고요. 이때 자신을 성찰하는 훈련은 마음이 화로 부풀어 올랐을 때 큰 힘이 되어줄 거라고 말해주었습니다. 이런 믿음으로 키워드 칸칸 생각대화를 이어 나가자 아이들은 따뜻한 웃음을 지었어요. 관련 키워드를 자신 있게 선택해서 친구들과 함께 칸을 채워나갔고요. 때로는 진지한 표정으로 임하면서 활동 시간을 단축하기도 했답니다.

그런 아이들을 계속 살폈어요. 그러면서 급하게 진행하기보다 아이들이 천천히 자기 마음에 머물도록 했습니다. 그와 더불어 작성한 활동지에서 아이들 각자 키워드를 선택하는 활동은 누구도 빠짐없이 수업에 참여하도록 이끌었어요. 이로써 대화하는 시간에 책임을 다하며, 활동 방법을 이해한 아이들이 고개를 끄덕일 때 보람을 느꼈습니다.

아래는 자신의 마음을 살펴보며 스스로 감정을 조절하는 힘을 가지려는 아이들과 나눈 키워드 칸칸 생각대화 질문입니다.

키워드 칸칸 생각대화 질문

① 그림책을 읽고 난 뒤 떠오르는 키워드는 무엇인가요?

② 함께 쓴 키워드 중에서 자신에게 중요하게 느껴지는 키워드는 무엇인가요?

함께 대화를 나누며 성장해요

이 질문들은 그림책을 읽고 나서 '화'와 관련해서 중요하게 느껴지는 키워드를 떠올리게 합니다. 그러나 아이들은 말하는 것을 어려워합니다. 특히 화라는 마음을 자주 느끼는 데 반해, 그 감정을 어떻게 해결해야 할지 생각해 보는 일이 어색하다고도 하고요.

사실 갑자기 생기는 화는 대부분 사람들이 경험하는 상황이에요. 그런데 누군가는 화가 폭발해서 상황을 더 엉망으로 만들어 버리기도 하고, 또 다른 누군가는 오히려 화가 난 상황을 차분하게 해결하면서 스스로 위로와 격려를 건네기도 합니다. 아이들은 이 같은 차이를 키워드 칸칸 생각대화를 하고 난 뒤 알게 됩니다. 그와 동시에 앞으로 불쑥 생기는 화를 마음 균형에 맞게 바로잡자고 다짐하는 시간을 보내죠.

각 질문은 이렇게 적용해요.
첫 번째 질문은 "그림책을 읽고 난 뒤 떠오르는 키워드는 무엇인가요?"로, 편안한 마음으로 가운데 칸에 키워드를 쓰도록 합니다. 이때는 친구들을 잘 지켜보면서 중복되지 않도록 씁니다. 떠오르는 키워드가 많은 친구는 마음껏 자기 생각을 써도 되지만, 신중하게 키워드를 작성하는 친구들을 배려합니다. 이 활동의 장점은 키워드 선택이 어려운 친구들은 빠른 속도로 키워드를 꺼내는 친구들의 도움을 받을 수 있다는 점이에요. 이를 통해 함께 참여하는 친구들이 활동지를 쓰는 것에 대한 부담을 덜어줄 수 있습니다. 당연히 친구들과 겹치지 않도록 신경 쓰면서 서로의 이야기에 더 귀 기울이게 됩니다.

두 번째 질문은 "함께 쓴 키워드 중에서 자신에게 중요하게 느껴지는 키워드는 무엇인가요?"입니다. 가운데 적혀 있는 다양한 키워드 중에서 자기 키워드 2개를 선택하게 하는데요. 각자 키워드를 골랐을 때는 자신만의 이유가 있죠. 동일한 단어라도 중요하게 느끼는 까닭이 다양해서 더욱 의미 있는 시간이 됩니다.

아래는 그림책 『불 뿜는 용』을 함께 읽고, 키워드 칸칸 생각대화를 적용해 나눈 대화인데요. 함께 키워드를 채워가고, 자신에게 중요한 키워드를 선택하는 활동으로, 모두의 생각이 중요함을 느끼게 됩니다.

* 첫 번째 질문

교사: 그림책을 읽고 난 뒤 떠오르는 키워드는 무엇인가요? 친구들과 함께 가운데 칸에 키워드를 써봅시다. 키워드가 겹치지 않도록 다른 사람이 쓰는 것을 잘 살펴보세요. 앉아 있는 자리에서 편한 방향으로 글자를 써도 됩니다. 모두 같이 채워가는 활동이에요. 친구마다 생각의 속도 차이는 있을 수 있지요. 그래서 빠르게 해내는 친구들은 신중하게 키워드를 고르는 친구들을 배려하면서 활동해 주세요.

학생 1: 저는 불 뿜는 용에게서 '짜증', '화', '노력', '눈물' 키워드가 생각났어요. 용이 자기 마음을 어떻게 해야 할지 잘 모르는 것 같았거든요.

학생 2: 저는 '피해', '이해' 키워드를 썼어요. 용 때문에 친구들이 힘들어했고, 저도 비슷한 일이 있어서 이해되었거든요.

* 두 번째 질문

교사: 두 번째 질문이에요. 함께 쓴 키워드 중에서 자신에게 중요하게 느껴지는 키워드는 무엇인가요? 2개의 키워드를 고르고, 선택한 이유를 친구들과 돌아가면서 이야기 나눠보세요. 공부는 자기 입장을 분명하게 나타낼 때 이루어집니다. 틀린 생각은 없어요. 무엇을 보고 그렇게 생각했는지, 왜 그 키워드가 나에게 중요했는지 생각해 보는 시간이 진짜 공부 시간이 되지요.

학생 1: 저는 '경계선'과 '위로'를 골랐어요. 우선 친구에게 화를 내면 서로 경계선을 넘게 되어 피해를 줄 수 있고, 마음이 불편해진 친구가 정말로 원하는 것은 위로라고 생각했거든요.

학생 2: 저는 '사이'와 '조절'을 선택했어요. 저의 마음이 편안할 때와 불편할 때 사이가 생기잖아요. 그럴 때 저의 방법대로 조절하는 것이 필요하다고 느꼈어요. 나는 화난 채로 그대로 있지는 않을 것 같아요.

위의 대화에서 알 수 있듯, 아이들은 자기감정을 살펴보는 시간이 중요하다고 말했어요. 누구나 존중받고 싶고 마음이 편안해지고도 싶잖아요. 그럴 때 툭 튀어나오는 마음을 있는 그대로 바라보고, 차분하게 사그라질 때까지 시간이 필요하다는 걸 느끼는 듯했어요.

이렇게 화나는 감정을 다스려 나가다 보면 화 때문에 일어나는 실수도, 후회하는 일도 줄어들겠지요.

[키워드 칸칸 생각대화 활동지]로 서로의 이야기를 나눠보세요.

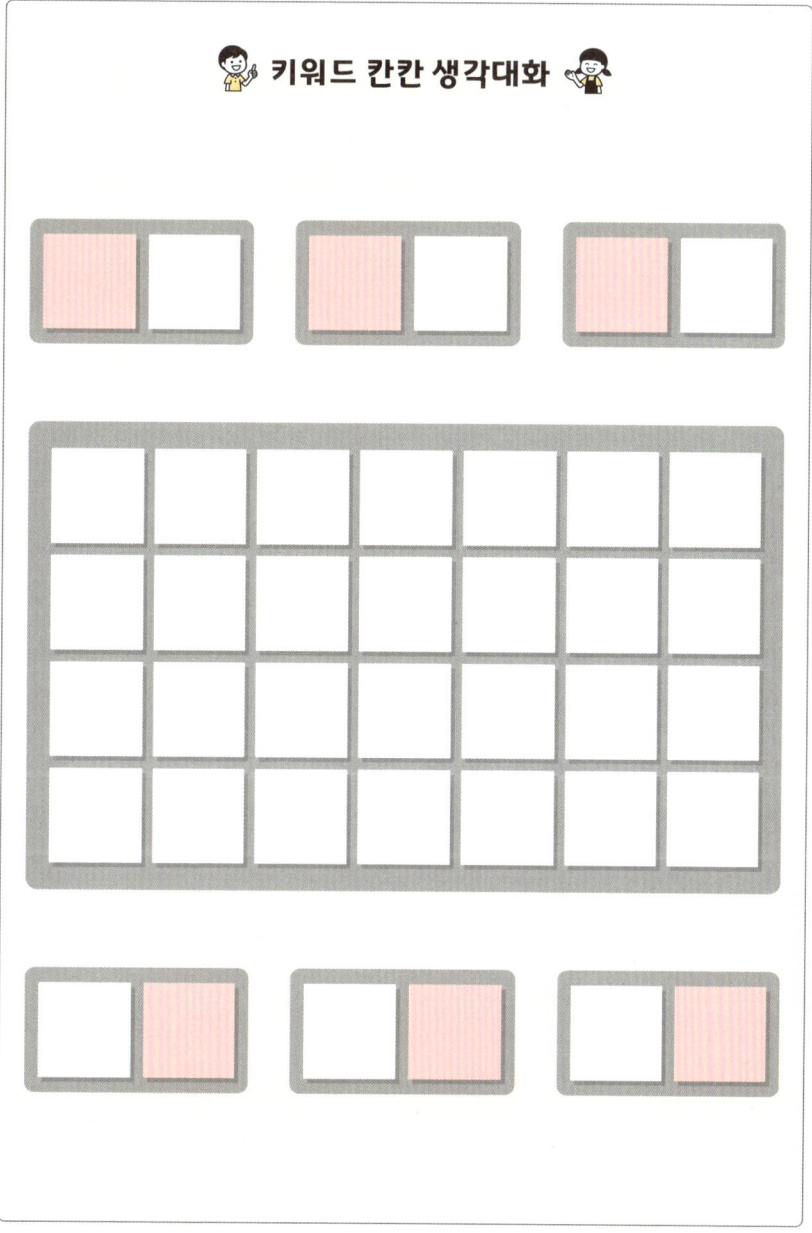

성장 톡톡

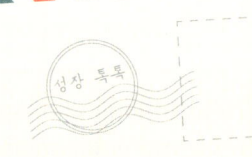

화내는 내 모습이 후회될 때가 많아요.

화가 났을 때는 당장 뭐라도 해야 풀릴 것 같아서 폭발하듯 화를 내지요.

그렇게 자신이 했던 말과 행동은

한참 지나고 나서 생각해보면 현명하게 느껴지지 않아요.

화내는 것이 나와 다른 친구에게 불편함을 주니까 바로 잡고 싶어요.

수도꼭지가 물을 조절하듯이 우리 마음에도 조절 버튼이 있어

스스로 마음을 다잡을 수 있기를 바라요.

자신감을 키우는
키워드 중심 생각대화

연결 칸칸 생각대화

『꿈속 나라 아이들』| 최연이 | 도서출판 예다올 | 2022

연결 칸칸 생각대화에서는 그림책 『꿈속 나라 아이들』을 주제도서로 선정했는데요. 그라미, 모세, 모네와 함께 떠나는 꿈속 여행이 신납니다. 매일 비슷하게 살고 있다고 생각하지만, 꿈속에서 만난 사람들 모습은 모두 달랐어요. 그곳을 채우는 색깔도 다양했고요.

이 내용을 바탕으로 아이들에게 꿈이 어떤 느낌인지 물었습니다. 그랬더니 "어른이 되어서 하고 싶은 일"이라고 대답하는 아이부터 "잠자면서 꿈을 잘 안 꿔서 모르겠다."는 아이까지 답변을 쉽게 내놓지는 못했어요. 그 이유는 평소 '나'에 대해 생각해 보는 기회가 적었기 때문일 텐데요. 이에 자면서 만나는 꿈속 세상이 지금의 나를 말해주는 단서가 되지 않을까 생각했습니다. 기쁨, 슬픔, 두려움, 불안, 편안함 모든 감정이 꿈속에서 다양한 모습으로 나타나기도 하니까요. 진짜 속마음을 만날 수 있는 절호의 기회가 될 수도 있고요. 혹 꿈을 잘 꾸지 않는 아이라 하더라도, 자기 꿈속을 상상해 보는 활동은 자신을 탐색하는 좋은 시간이 됩니다. 그뿐만 아니죠. 기분 좋은 상상은 진짜 세상에서 나를 좋은 곳으로 데려다줄 것 같은 예감도 갖게 합니다. 이런 긍정적인 에너지로 꿈속 여행을 함께 떠나보길 바라요.

아래는 행복한 꿈속 여행을 했으면 하는 소망으로 아이들에게 던진 연결 칸칸 생각대화 질문입니다.

연결 칸칸 생각대화 질문

① 그림책과 관련해서 큰 주제 키워드를 정해볼까요?
② 주제 키워드와 관련해서 중간 키워드는 무엇이 있을까요?
③ 중간 키워드와 관련해서 작은 키워드는 무엇이 있을까요?

함께 대화를 나누며 성장해요

이 질문들은 키워드로 나누는 생각대화에서 몇 가지 조건을 더해 활동하는데요. 먼저 그림책을 읽고, 하나의 큰 주제 키워드를 함께 정해요. 그런 다음 주제 키워드와 관련 있는 4개의 중간 키워드도 친구들과 토의해서 결정합니다. 어떤 키워드가 적당할지 조율하면서 아이들은 의견을 모으는 경험을 하지요. 다시 말해, 정답을 좇아가는 시간이 아니라 해답을 만들어가는 과정이 됩니다. 여기서 아이들은 서로의 이야기에 귀 기울여야 함을 배우죠. 이렇게 큰 주제 키워드와 중간 키워드가 결정되고 나면 아이들은 자연스럽게 작은 키워드 칸을 채웁니다. 이때 조건에 따라 떠올리는 키워드가 달라져서 이전 활동보다 세세한 고민을 하게 되죠. 생각이 잘 나지 않을 때는 중간 키워드와 관련해서 보이는 것, 들리는 것, 향기, 촉감, 맛까지 연결하면 더 많은 아이디어를 끄집어낼 수 있습니다.

　이처럼 연결 칸칸 생각대화를 진지한 태도로 참여하는 아이들에게서 배움의 의미를 떠올려 보았습니다. 협력하고 책임지는 아이들의 모습에서 배움에 있어서 진정한 주인공의 면모가 엿보였거든요. 이렇듯 무언가를 함께 만들어가는 일은 고민하는 순간을 귀중하게 여기도록 합니다.

　그럼, 서로를 하나로 연결함으로써 성장을 바라보게 하는 연결 칸칸 생각대화에서 활용한 질문을 살펴볼까요?

　첫 번째 질문은 "그림책과 관련해서 큰 주제 키워드를 정해볼까요?"입니다. 책을 읽고 나서 가장 많이 떠오른 생각을 주제 키워드로 정하는 시간이죠. 모두의 생각을 모아서 1가지로 뽑아내는데, 이때는 아이들에게 배려와 양보를 요청합니다. 각자의 생각만 중요하다고 내세우면 결과를 정하기가 힘겨울 수 있으니까요. 아이들은 결정하는 과정을 차분하게 듣고, 애써서 의견을 말하며 가장 좋은 내용을 선정해요.

두 번째 질문은 "주제 키워드와 관련해서 중간 키워드는 무엇이 있을까요?"입니다. 여기서는 주제 키워드와 관련해서 떠오르는 4개의 생각을 도출해내는데요. 주제 키워드 의미를 분리해두고 살피면서 선택할 수도 있어요. 주제 키워드를 해결하는 의미로 생각해 볼 수도 있고요.

세 번째 질문은 "중간 키워드와 관련해서 작은 키워드는 무엇이 있을까요?"인데요. 4개의 중간 키워드와 관련해서 떠오르는 생각을 6개의 칸에 채웁니다. 이때 특별하게 정해진 순서는 없고, 친구들과 동시에 쓰면서 서로 겹치지 않도록 채웁니다. 6개를 모두 채우면, 한쪽 모서리에 각자 질문을 만들거나 소감을 나누면서 활동을 이어갈 수 있습니다. 그리고 고민하는 바로 그때, 아이들의 생각은 힘차게 성장하지요. 예전과는 다른 상황에서 애를 써야 하므로 관심 있게 살펴야 하는 범위가 그만큼 늘어나거든요.

아래는 그림책 『꿈속 나라 여행』을 함께 읽고, 연결 칸칸 생각대화를 적용해 나눈 대화인데요. 아이들은 마음 쓰면서 각자의 이야기를 주고받습니다. 서로 영향을 주며 성숙해진다고 볼 수 있지요.

* 첫 번째 질문

　　교사: 그림책과 관련해서 큰 주제 키워드 1가지를 정해볼까요? 가장 많이 떠오른 생각을 주제로 정하면 됩니다. 모두의 생각을 모아 1가지로 정할 텐데요. 차분하게 서로 이야기를 듣고 정하면 좋겠어요.

　　학생 1: 저는 '꿈속 나라 아이들'로 정했으면 좋겠어요. 이 책의 제목이기도 하고, 꿈속에서 어떤 일이 일어났는지 떠올려 보는 일이 중요하게 느껴집니다.

　　학생 2: 저도 '꿈속 나라 아이들'로 정하면 좋겠어요. 다양한 꿈이 있는 세상에서 모두 어떤 상상을 하는지 살펴보면 신날 것 같아서요.

＊ 두 번째 질문

교사: 두 번째 질문입니다. 주제 키워드와 관련해서 중간 키워드는 무엇이 있을까요? 주제 키워드의 의미를 나누어 생각해 보면 쉽게 정할 수 있을 것 같은데요. 물론 주제 키워드에서 보이는 문제를 해결하는 키워드로 생각해 볼 수도 있고요.

학생 1: 저는 '상상'으로 정하고 싶어요. 꿈속에서는 무엇이든 해볼 수 있잖아요. 평소에 내가 하고 싶은 일도 꿈속에 나타날 것 같아서 상상이 중요하게 느껴집니다.

학생 2: 저는 '모두'로 정했으면 해요. 누구나 꿈이 있잖아요. 물론 잠자면서 꾸는 꿈도 있고, 내가 되고 싶은 일도 꿈이 될 수 있어요. 모두에게 꿈은 희망과도 같게 느껴져요.

학생 3: 저는 '색깔'로 정하고 싶어요. 색깔은 한 가지로 고정된 것이 아니에요. 그리고 어떤 색깔을 칠할지 내가 고민하고 선택할 수 있어요. 또 편안하게도 느껴져요.

학생 4: 저는 '꿈'으로 했으면 해요. 정해지지 않았다는 생각이 들어요. 꿈은 누구나 꿀 수 있고, 그 꿈에는 정답이 없거든요.

＊ 세 번째 질문

교사: 이제 마지막입니다. 중간 키워드와 관련해서 각각 작은 키워드 6개를 써봅시다. 쓰는 순서는 없어요. 친구와 겹치지 않도록 신경 써서 작성하면 됩니다. 모든 생각 칸이 채워지면 한쪽 모서리에 각자 질문을 만들거나 소감을 써보도록 해요.

학생 1: 저는 상상과 관련해서 '전등'이 생각났어요. 갑작스럽게 떠오른 상상은 전등을 켜는 것 같이 느껴졌거든요.

학생 2: 저는 모두와 관련해서 '밤'이 생각났어요. 우리는 모두 잠을 자거든요. 잠을 자면서 모두가 편안하게 느껴지고, 그럴 때 생각이 자유로울 것 같아요.

학생 3: 저는 색깔과 관련해서 '이름'이 생각나요. 다양한 색깔은 이름도 제각각이죠. 이름에 정답이 없잖아요. 이름에는 뜻이 있기도 해서 각각의 뜻을 아는 것은 색깔을 보면서 감탄하는 것처럼 감동을 주는 때도 있어요.

학생 4: 저는 꿈과 관련해서 '물감'이 떠올라요. 어떤 물감으로 칠할지 내가 정하는 것처럼 꿈도 내가 정해보고 싶거든요. 무서운 꿈은 피하고픈 마음이기도 해요.

아이들과 나누는 꿈 이야기는 즐거움과 동시에 안타까움을 주기도 합니다. 실제로 있었던 것처럼 자기 꿈 이야기를 생생하게 꺼내는 아이도 있지만, 아무런 꿈도 없고, 모르겠다고 말하며, 의욕이 없는 아이도 있거든요.

그런데 꿈속 세상에서 만난 사람들의 모습이 다양하고, 그곳의 색깔도 여러 가지로 많은 것처럼 '꿈'은 결코 정해진 것이 아니에요. 그래서 실수할까 봐, 틀릴까 봐 말하는 것을 두려워하는 아이들에게 한 학교의 교가에 나오는 가사를 들려주고 싶어요.

> 꿈꾸지 않으면 사는 게 아니라고
> 별 헤는 맘으로 없는 길 가려네
> 사랑하지 않으면 사는 게 아니라고
> 설레는 마음으로 낯선 길 가려 하네
> 아름다운 꿈 꾸며 사랑하는 우리
>
> (출처: 꿈꾸지 않으면, 간디학교 교가, 양희창)

그리고 아무도 가지 않는 길, 용기 있게 가보자고요.

[연결 칸칸 생각대화 활동지]로 서로의 이야기를 나눠보세요.

성장 톡톡

꿈속에서는 어떤 꿈도 만날 수 있어요.

너무 신나는 꿈이라 깨기 싫을 때도 있고,

무서운 괴물이 나타나서 얼른 깼으면 할 때도 있지요.

꿈속에서는 무엇이든 가능해요.

무엇이든 할 수 있어요.

그래서 우리는 꿈속에서처럼 즐겁고,

기쁜 마음으로 일상을 보내길 바랍니다.

신나는 여행이 우리를 기다리고 있거든요.

· 03 ·

뿌듯함이 깃든
질문 중심 생각대화

단감 Q   안경 Q   벌집 Q   왜만어
생각대화   생각대화   생각대화   생각대화

    질문 중심 생각대화 역시 4개의 방식으로 진행할 수 있습니다. 이 4가지 생각대화는 다양한 방법으로 질문을 만들면서 대화를 나누도록 돕는데, 가장 큰 장점은 참여하는 그 누구도 소외시키지 않는다는 거예요. 그 덕분에 질문 중심 생각대화는 뿌듯함이 충만한 수업을 이어 나가도록 합니다.
    전체 구성은 단어와 감정을 연결해 자기 질문을 만드는 '단감 Q 생각대화', 2개의 키워드에서 질문을 정하는 '안경 Q 생각대화', 여러 가지 키워드를 살펴보면서 질문을 끄집어내는 '벌집 Q 생각대화', '왜, 만약, 어떻게 하면'의 물음을 활용하여 질문을 완성하는 '왜만어 생각대화'로 이루어져 있습니다.

뿌듯함이 깃든
질문 중심 생각대화

단감 Q 생각대화

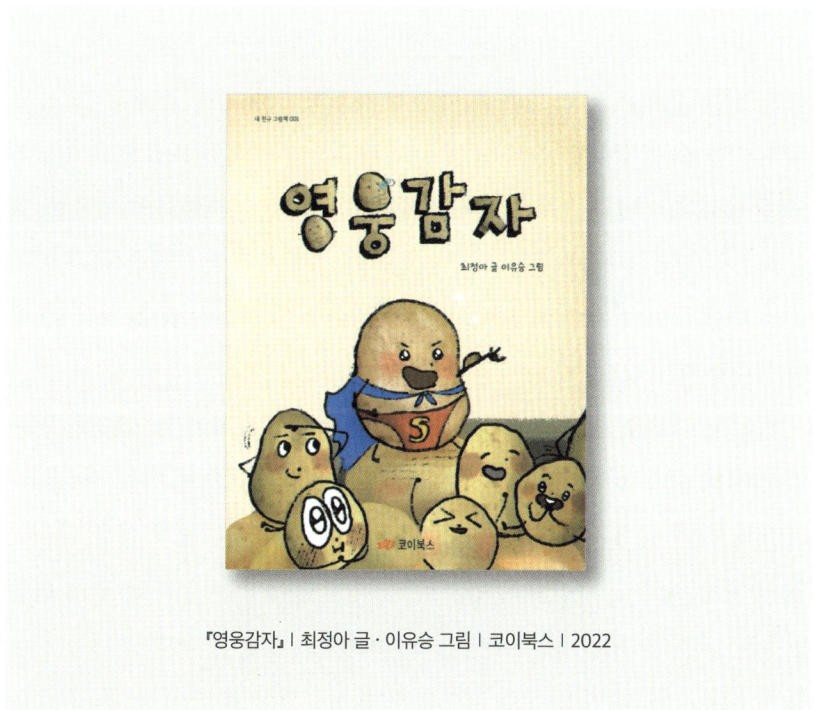

『영웅감자』 | 최정아 글 · 이유승 그림 | 코이북스 | 2022

단감 Q 생각대화의 주제도서는 그림책 『영웅감자』입니다. 그림책에는 슈퍼 영웅 옷을 입고 화려한 꿈을 말하는 몸집 큰 감자가 나옵니다. 다른 감자들도 한곳에 모여 잇따라 저마다의 꿈을 말하고요. 그런데 덩치가 큰 감자는 요리가 되는 것은 시시한 일이라며, 자신은 어려운 사람을 돕는 빛나는 영웅감자가 될 거라고 다부지게 외칩니다.

이처럼 누구는 눈부시게 대단한 꿈을, 누구는 수수한 꿈을 각자의 마음에 담고 있는데요. 일상의 평범한 목표는 사소하게 보일 수 있지만, 그것을 이루려고 노력하는 자세가 소중하며, 보람을 준다고 아이들에게 전하고 싶었어요. 왜냐하면 그림책에 나오는 감자들처럼 아이들도 매일 공부하면서 각자의 꿈을 향해 힘쓰고 있으니까요.

실제로도 꿈에 관한 대화를 펼치면, 슈퍼 영웅이 되고 싶은 아이, 좋아하는 일을 조용히 하고 싶은 아이까지 다양한 이야기를 전해 주지요. 그러면 저는 어떤 꿈을 꾸는지 뿐만 아니라, 그 일을 어떤 마음으로 해낼지도 중요하다고 알려주었습니다. 가령, 자신과 주변 사람들의 상황을 잘 살피고 긍정적인 에너지로 노력하면, 어떤 상황에서도 희망을 품고 자기 일을 해낼 수 있으니까요. 이런 마음가짐은 꿈을 이루는 과정에서 큰 힘이 되어주기도 합니다.

이러한 이유로, 본인의 꿈을 이루어나가는 데 가져야 할 태도와 더불어 각자의 꿈을 나누고, 응원하는 소중한 경험을 했으면 하는 마음에서 그림책 『영웅감자』를 펼쳤습니다. 그리고 아이들이 자신의 꿈을 달성하기 위해 노력하고, 자신과 주변 사람들에게 힘이 되는 존재가 되게 하려면 어떤 질문을 해야 할지 고민했죠. 왜냐하면 질문은 해당 문제를 사색하게 하고, 서로의 대화에서 새로운 가능성을 찾도록 돕기도 하면서, 어려움을 해결해 준다는 걸 잘 알고 있으니까요.

이런 부담감 때문이었을까요. 처음부터 질문 만들기가 쉽지는 않았습니다. 질문 만드는 방법을 아이들에게 제대로 알려주고 싶었지만, 아이들이 이해하기 쉬운 방법을 찾기가 어려웠거든요. 무엇보다 그림책에 나온 장면을 각자 입장에서 이해시킨 다음 질문을 구성해야 했어요. 더욱이 질문 만들기는 여러 과정을 거치는 번거로운 일이기도 했습니다. 이로 인해 질문을 능숙하게 만드는 몇몇 아이만 흥미롭게 참여하는 수업이 되는 듯해 아쉽기만 했습니다. 모든 아이가 자신의 물음을 가지고 대화에 즐겁게 참여하게 만들기는 점점 더 어려운 과제로 다가왔습니다.

그러다가 좋은 아이디어가 떠올랐어요. 바로 아이들의 감정을 꺼내는 방법인데요. 중요한 단어에 대해 느껴지는 자신만의 감정을 떠올리고 그 단어와 감정을 연결해서 질문을 만드는 방식입니다. 그리하여 활동의 이름도 '단어'와 '감정' 앞글자를 가져와서 '단감'으로 만들었습니다. 아이들이 쉽게 이해했으면 했거든요. 그리고 질문은 좋고 나쁨을 재는 것이 아니라, 배우는 과정에서 자신의 마음에 집중하며 바라볼 때 생기는 것이라는 확신으로 수업에 적용했습니다.

예상은 적중했습니다. 아이들은 질문을 만들어가면서 대화를 즐겼고, 그 모습을 통해 이전에 진행한 질문 수업에서 느꼈던 막막함이 해소되어 갔으니까요. 감사하게도 자신감과 편안함으로 대화에 참여하는 수업은 공감과 이해의 시간으로 이어졌습니다.

이렇게 질문을 통해 자신을 들여다보는 것으로부터 다음 쪽의 '단감 Q 생각대화 질문'이 탄생했습니다.

단감 Q 생각대화 질문

① 그림책을 읽고 나서 중요하게 느껴진 키워드는 무엇인가요?
② 단감 속 키워드와 관련해서 어떤 감정이 떠오르나요?
③ 키워드와 감정을 연결해서 어떤 질문이 떠오르나요?

함께 대화를 나누며 성장해요

첫 번째 질문은 "그림책을 읽고 나서 중요하게 느껴진 키워드는 무엇인가요?"인데요. 책을 읽고 난 뒤, 가장 중요하게 떠오르는 단어를 모두의 생각을 모아서 뽑습니다. 이 과정은 아이들에게 대화에 책임감을 부여하며 진행합니다. 개인별 활동지의 단감 모양에 핵심 키워드를 쓰면서 달콤한 단감의 맛을 상상해 보기도 합니다.

두 번째 질문은 "단감 속 키워드와 관련해서 어떤 감정이 떠오르나요?"입니다. 여기서는 단감 모양에 적힌 키워드와 관련해서 하트 풍선 모양에 떠오르는 3가지 감정을 각각 기록하는데요. 단어와 감정이 만나서 단감을 만드는 과정이 재밌기도 하고, 곰곰이 생각하는 시간이기도 합니다.

세 번째 질문은 "키워드와 감정을 연결해서 어떤 질문이 떠오르나요?"입니다. 단감에 적힌 키워드와 감정을 연결해서 자신만의 질문을 만드는데요. 이때는 정답이 있는 닫힌 질문보다는 여러 가지 대답을 꺼낼 수 있는 질문을 만들도록 안내합니다. 만일 자기 질문을 다 만들었다면 친구들과 대화시간을 가져도 좋습니다. 자신이 생각한 물음에 대해 친구들의 반응을 들어보면서 생각의 폭을 넓히는 기회가 되기도 하거든요. 그런 다음 조용히 자신만의 대답을 쓰다 보면, 생각이 열리고 확장되면서 자기만의 결론으로 단단하게 탄생하죠.

이로써 단감 Q 생각대화는 아이들이 배움의 주인이 되도록 유도합니다. 누군가의 지시에 끌려가지 않고, 스스로 질문을 하며 용기 있게 다른 사람과 소통하고 공감의 시간을 보냄으로써 적극적인 태도로 수업에 임하게 하니까요.

아래는 그림책 『영웅감자』를 함께 읽고, 단감 Q 생각대화를 통해 나온 내용 중 일부입니다. 그 가운데 질문 만드는 과정이 신나게 느껴진다는 아이의 말이 떠오릅니다. 자기 물음에 다가가는 법을 눈높이에 맞추어 안내해 주어서 질문이 내비게이션 같다는 표현도 했고요. 주요 단어와 떠오르는 감정을 꺼낼 수 있다면 자기 질문을 몇 개나 만들 수 있을 거라고도 자신했습니다.

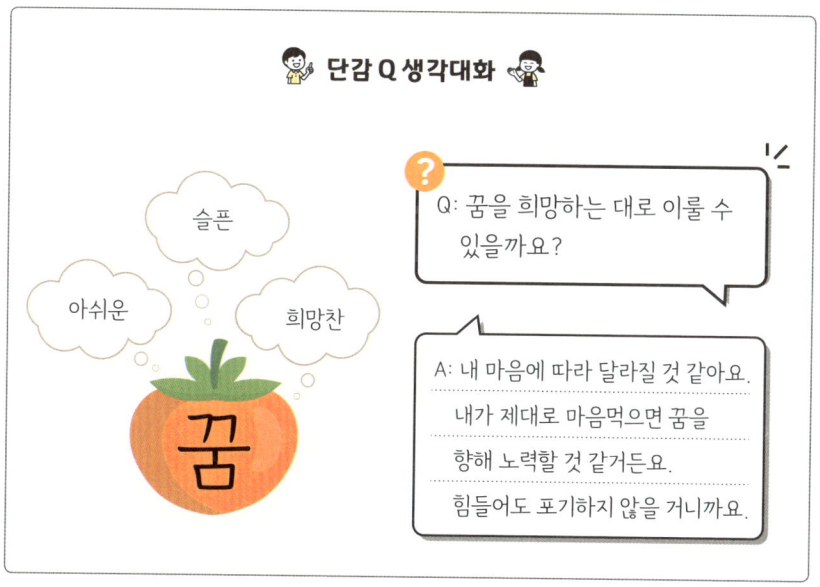

＊ 첫 번째 질문

교사: 그림책을 읽고 나서 중요하게 느껴진 키워드는 무엇인가요? 친구들의 생각을 모아서 활동지의 단감 모양에 써봅시다.

학생 1: '꿈' 키워드가 떠올랐어요. 감자들이 자기 꿈 이야기를 하며 펼쳐지는 이야기니까요.

학생 2: '영웅' 키워드가 떠올랐어요. 꿈을 이루면 영웅이 될 것 같은 느낌이 들고, 몸집 큰 감자처럼 저도 영웅이 되고 싶기도 해서요.

학생 3: '노력'이 중요한 키워드로 떠올랐어요. 꿈을 이루기 위해서는 친구들이 어떤 노력을 하는지가 중요할 것 같아요.

＊ 두 번째 질문

교사: 이제는 단감 속 키워드와 관련해서 어떤 감정이 떠오르나요? 단감 모양에 적힌 키워드와 관련해서 하트 풍선 모양에 3가지 감정을 각각 기록해 보세요.

학생 1: '아쉬운' 감정이 떠올랐어요. 저는 영웅감자가 하늘을 날면서 다른 사람을 돕는 장면을 상상했거든요. 또 할머니를 돕는 감자들도 멋질 것 같아서 감자가 슈퍼 영웅이 되면 어떨까 하면서 재미있었는데, 찐 감자가 되어 조금 아쉬웠어요.

학생 2: '슬픈' 마음이에요. 할머니의 사연을 듣는데, 우리 할머니께서 해주신 전쟁 이야기도 생각났고 옛날 분들은 참 힘들었겠다 싶었어요. 모두의 꿈이 다 이루어지면 좋겠어요.

학생 3: '희망찬' 마음이 들었어요. 제가 생각한 영웅과 이 책에서 나온 영웅 모습은 달랐지만, 사람들 마음을 이해하고 도와주는 일이 비슷하다고 느꼈거든요. 저도 앞으로 하고 싶은 일을 할 때, 다른 사람들에게 인기를 얻는 것보다 내 마음과 다른 사람들에게 도움이 되는지 먼저 살펴보고 싶어요.

＊ 세 번째 질문

교사: 이제는 단감 속 키워드와 감정을 연결해서 질문을 만들어 볼까요? 정답을 곧바로 말하는 질문보다는 다양하게 생각해 보며 대답할 수 있는 질문을 만들면

좋겠어요. 질문을 다 만든 친구들은 자리에서 일어나 다른 친구들과 서로 번갈아가며 질문과 대답을 나눠보도록 해요. 그런 다음에 자기 자리로 돌아가서 자기 질문에 대한 대답을 적어보세요.

학생 1: '꿈은 희망하는 대로 이룰 수 있을까요?'라는 질문을 만들었어요. 꿈은 내 마음에 따라 달라질 것 같아서요. 마음먹기에 따라 노력하는 정도가 달라지고, 그래서 힘들어도 포기하지 않을 것 같아요.

학생 2: '슬픈 꿈도 있을까요?'라는 질문이 생각났어요. 모든 꿈이 이루어지는 건 아니잖아요. 우리 엄마도 어렸을 때 꿈이랑 지금의 모습이 다르다고 하셨거든요. 그렇게 말씀하시는 게 조금 아쉬워 보이기도 했어요. 꿈이 이루어지지 않으면 슬플 것 같기도 해요.

아이들과 꿈에 관한 대화를 나누다 보면, 자신이 가진 꿈이나 장래 희망을 제대로 생각해 보지 않아 표현하는 과정이 어렵다고 전했어요. 이러한 현상은 아직 자신이 무엇을 좋아하는지, 어려운지 제대로 알지 못해서죠. 그래서 자기 미래에 대해 말하기를 주저하게 된다고 해요. 이에 확실하게 정해진 멋진 꿈을 꼭 말하지 않아도 된다고 말해주었어요. 왜냐하면 이때는 자신의 감정이나 생각을 표현하는 기회이기도 하니까요. 그리고 친구들과 꿈 이야기를 공유하며 따뜻한 성장을 하길 바라는 마음이기도 해요.

[단감 Q 생각대화 활동지]로 서로의 이야기를 나눠보세요.

성장 톡톡

자신의 꿈이 있나요?

꿈은 너무 많아서, 또는 아직 생각나질 않아서

고민이 되기도 하지요.

꿈이 바뀌어도 괜찮고, 아직 정확하게 정해지지 않아도 좋아요.

어떤 상황이든 나에 대해 생각해 보는 시간이 소중하지요.

막상 어른이 되어서 하고 싶은 일을 떠올리면 설레기도 하고,

두렵기도 해요.

그 일을 하고 있을 내 모습을 상상해 봐요.

어떤 일이든 내가 어떤 마음으로 대할지 나의 마음과 태도가 더 중요하니까요.

그 자리에서 최선을 다하고 있는 내가 바로 영웅이 될 수 있으니까요.

뿌듯함이 깃든
질문 중심 생각대화

안경 Q 생각대화

『우리는 언제나 다시 만나』 | 윤여림 글·안녕달 그림 | 위즈덤하우스 | 2017

2부_그림책 생각대화 실천편 | 뿌듯함이 깃든 질문 중심 생각대화

안경 Q 생각대화에서는 그림책 『우리는 언제나 다시 만나』를 주제도서로 정했습니다. 그림책의 제목처럼 우리가 언제나 다시 만날 수 있는 사람은 누구일까요? 그리고 세상에서 가장 든든하면서 따뜻한 사람은 누구일까요? 그건 바로 세상에 하나뿐인 '엄마'라는 존재입니다.

그래서 아이들이 엄마에 대해 어떻게 생각하는지 물어봤습니다. 그랬더니 아이들은 엄마와 함께라면 무엇이든 할 수 있고, 어떤 것이라도 해볼 마음이 든다고 말했어요. 엄마와 헤어지는 게 세상에서 가장 슬플 것 같다고도 했고요. 또 자신이 상상하기 어려운 일 중 하나가 엄마를 떠나는 것이라고 했는데요. 하지만 아이들은 알고 있었어요. 언젠가는 지금까지 자신의 곁을 지켜주던 엄마를 떠나, 세상을 혼자서 살아가야 할 때가 오리란 걸 말이죠.

그러면서 아이들은 초등학교 1학년 첫날의 기억을 떠올렸어요. 학교 앞 커다란 교문을 통과하기가 두려웠는데, 몇 걸음 가다가 뒤를 돌아보면 엄마가 교문 앞에서 계속 손을 흔들어 주고 있었대요. 그 모습에 아이들은 엄마가 함께 있지는 못해도 사랑이 가득 담긴 응원을 보내줘서 용기를 냈다고 했어요.

이렇듯 늘 챙겨야 하는 아이가 차츰 혼자서 해내는 일이 많아지면 엄마는 지켜보는 시간이 늘어납니다. 직접 해줘야 하는 일보다 곁에서 응원하는 일이 많아지고요. 그래도 아이들은 서운하기보다 자신을 응원해 주는 엄마가 고맙다고 해요. 아마도 엄마와 아이는 비슷한 시기에 함께 성장해 가는 것 같아요.

이런 생각으로 아이들이 그림책 『우리는 언제나 다시 만나』를 읽고, 엄마의 마음을 헤아려 보기를 바라며 대화를 시작했습니다. 누군가에게 의존하기보다 혼자서 해내도록 지도하면서 배움의 주인이 되게 했어요.

설명을 덧붙이자면, 가만히 듣고 따라 쓰는 방식에서 그 모든 과정을 직접 해보게 했습니다. 즉, 질문을 스스로 만들어 대화를 나누면서 책임감을 느끼고 몰입하게 하여, 무엇을, 어떻게, 왜 해야 하는지 생각하게 했고, 그 속에서 치열하게 고민하는 힘을 길렀습니다. 당연히 처음에는 어려움이 따랐지만 시간이 더해갈수록 생각 전문가가 되었습니다.

그만큼 선택한 키워드를 활용하여 새로운 질문을 만드는 활동은 꽤 큰 효과가 있습니다. 다양한 관점으로 문제를 바라보는 방법을 배우는가 하면, 소통을 통해 상호작용을 활발하게 하면서 문제를 해결하는 능력을 향상해 나가니까요. 그뿐만 아니라, 서로의 물음이 맞닿아 대화로 연결되는 순간에는 서로를 존재와 존재로 존중하는 경험을 하기도 합니다. 왜냐하면 자신이 만든 질문에 신중하게 대답하는 친구에게 고마움을 느끼기도 하고, 서로의 눈을 바라보게 됨으로써 한 명의 인격체로 인정받는 듯한 감정을 체험하게 되니까요. 이는 아이들을 대화에 흠뻑 빠지게 하여, 활동 시간이 점차 늘어나기도 합니다.

아래는 귀한 존재로 만난 아이들이 서로의 눈을 반짝이고, 귀 기울여 들으면서 나누었던 안경 Q 생각대화 질문입니다.

안경 Q 생각대화 질문

① 그림책을 읽고 나서 중요하게 느껴진 키워드는 무엇인가요?
② 안경 속 키워드를 보니 어떤 질문이 떠오르나요?
③ 함께 이야기를 나누고 싶은 대표 질문은 무엇인가요?

함께 대화를 나누며 성장해요

사실 질문 만들기는 배우는 과정에서 탐구의 중요한 요소이기도 합니다. 예전에는 보지 못했던 모습을 찾아내기도 하고, 호기심을 자극하여 새로운 것을 발견하기도 하니까요. 또한 일상에서 겪는 다양한 문제를 세심하게 바라보면서 자신에게 알맞은 해결 방법을 알아내기도 하지요. 이러한 이유로 제대로 된 질문은 기존에 가졌던 관점에서 새로운 시점으로 성장시켜 주는 귀한 도구가 됩니다.

이런 의도가 담긴 안경 Q 생각대화를 나누며 질문으로 서로를 만나는 아이들은 활발한 의견 교환을 해나갑니다. 이 과정에서 아이들은 좋은 관계에서 이루어지는 감정을 실질적으로 느끼기도 합니다.

각 질문은 이렇게 적용해요.

첫 번째 물음은 "그림책을 읽고 나서 중요하게 느껴진 키워드는 무엇인가요?"인데요. 이 질문을 듣고 키워드 2개를 활동지의 안경 모양에 각각 써넣습니다. 다양한 장면에서 기억에 남는 키워드를 선택하여 기록하는 활동은 아이들에게 분별해서 바라보는 힘을 키워주죠. 안경 속 키워드가 같아도 그것을 선택하는 아이들 나름의 이유가 다를 수 있어 더욱 의미 있습니다.

두 번째 질문은 "안경 속 키워드를 보니 어떤 질문이 떠오르나요?"입니다. 여기서는 안경 모양에 적힌 2개의 키워드와 관련해서 풍선 모양에 질문 2개를 기록합니다. 참고로 단어와 단어를 연결해서 만드는데요. 키워드는 디딤돌 역할을 합니다. 이로써 키워드가 왜 중요한지, 그것이 없으면 어떤 마음일 것 같은지, 그 키워드를 제대로 실천하기 위해서 무엇이 필요한지를 염두에 두며 질문을 완성해 나갑니다.

세 번째 질문은 "함께 이야기를 나누고 싶은 대표 질문은 무엇인가요?"입니다. 친구들의 풍선이 다 채워지고 나면 어떤 질문이 있는지 꼼꼼하게 살펴봅니다. 이때 같이 대화하고 싶은 주제를 뽑아야 하는데, 저는 스티커나 사인펜으로 마음에 드는 질문 1~2개를 골라 표시하라고 합니다. 이렇게 다수결에 따라 질문이 정해지면 돌아가면서 각자의 대답을 꺼내 놓습니다. 혹은 생각 쪽지에 대답을 써서 나눠 볼 수도 있고요.

한편, 자신의 질문이 선정되지 않으면 속상해하는 친구도 있어요. 그럴 때는 풍선에 질문만 쓰고 난 뒤, 활동지를 다른 모둠 친구들과 교환해서 진행하면 불편한 마음을 덜어내 줄 수 있습니다. 교환이라는 작은 변화만으로 누구의 질문인가보다는 어떤 질문인가에 더 집중하게 하니까요.

아래는 그림책 『우리는 언제나 다시 만나』를 함께 읽고 안경 Q 생각대화를 적용해 나눈 대화인데요. 시선이 예리해지고 각자의 생각을 응원해 주는 모습을 볼 수 있습니다.

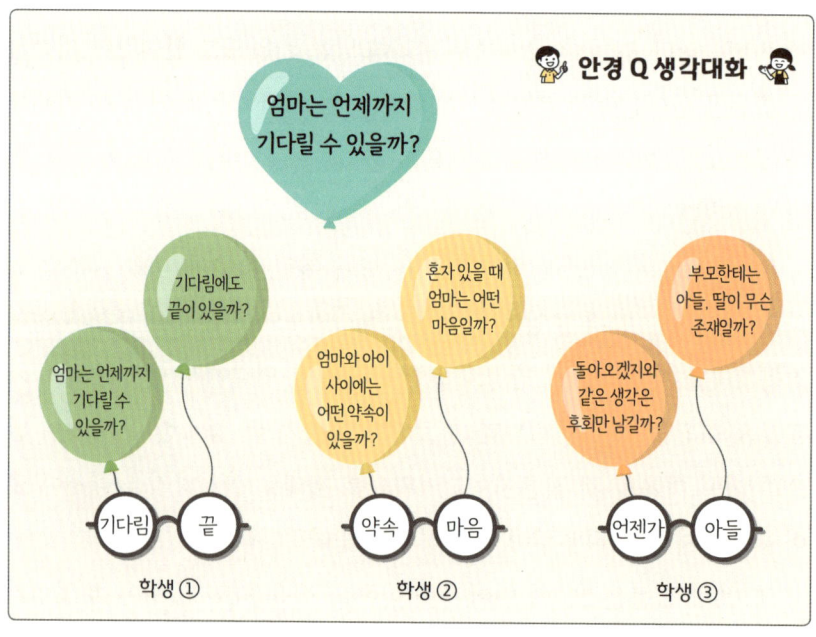

＊ 첫 번째 질문

교사: 그림책을 읽고 나서 중요하게 느껴진 키워드는 무엇인가요? 곰곰이 생각해서 안경 모양에 키워드를 각각 써봅시다.

학생 1: 저는 '기다림'과 '끝'을 선택했어요. 왜냐하면, 아이와 엄마가 서로 기다리는 것이 마음 아프게 느껴졌거든요. 그리고 그 기다림의 끝은 무엇일지 궁금하기도 했어요.

학생 2: 저는 '약속'과 '마음'을 선택했어요. 어디서 기다릴지, 언제 올지 약속을 정해야 안심되니까요. 기다리면서 마음이 설레기도 하고 걱정되기도 할 것 같아요.

＊ 두 번째 질문

교사: 두 번째 질문입니다. 안경 속 키워드를 보면서 어떤 질문이 떠오르나요? 2개의 키워드를 연결해 질문을 만들어 봐도 되고 각 키워드로 떠올려 봐도 돼요.

학생 1: 저는 기다림과 선택을 키워드로 선택했는데, 만든 질문은 '엄마는 언제까지 기다릴 수 있을까?'입니다. 아이가 모두 다 컸는데도 기다리는 엄마의 모습이 슬퍼 보이기도 하고 아름답게 보이기도 했거든요.

학생 2: 저는 약속과 마음 키워드를 골랐는데, 만든 질문은 '엄마와 아이 사이에는 어떤 약속이 있을까?'입니다. 함께 있지 않을 때도 엄마는 저에게 씩씩하게 지내라고 늘 말씀하시거든요. 아마 이 책에서도 비슷할 것 같은데 친구들 생각이 궁금해요.

＊ 세 번째 질문

교사: 이제 마지막 질문입니다. 함께 이야기 나누고 싶은 대표 질문은 무엇인가요? 다양한 생각을 들을 수 있는 질문으로 선정하면 좋겠어요. "엄마는 언제까지 기다릴 수 있을까?" 질문이 대표가 되었네요. 친구들은 어떤 대답을 할 수 있나요?

학생 1: 저는 엄마가 영원히 기다린다고 생각해요. 왜냐하면 엄마는 끝까지 저를 지켜주고 응원해 줄 것 같거든요.

학생 2: 엄마는 아이가 돌아올 때까지 그 자리에서 기다릴 것 같아요. 왜냐하면 아이도 엄마가 어디에 있는지 알고 있으니까 분명히 만날 것 같거든요.

부모님에 대해 나누는 대화는 첫 시작부터 뭉클함이 있어요. "엄마, 아빠!" 부르기만 해도 눈물이 날 것 같은 순간이 있거든요. 이처럼 소중한 분들이 지금 바로 곁에 계시지 않아도, 자신을 사랑해 주는 마음을 이미 알고 있어서 뜨거운 마음에 대한 대답이 눈물이라고 생각해요. 함께한 순간들, 힘들었던 시간에 같이 있어 준 부모님과 가족이 떨어져 있어도 서로를 연결해 주는 것이지요.

[안경 Q 생각대화 활동지]로 서로의 이야기를 나눠보세요.

성장 톡톡

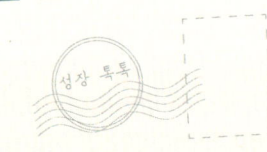

힘든 일이 있을 때도, 즐거운 일도 있지요?

누구에게 가장 먼저 좋은 소식을 알리고 싶나요?

내가 부모님을 생각하는 것만큼

우리 부모님도 나를 걱정하고 생각하시지요.

함께 있던 순간도 잠깐, 부모님과 헤어지는 순간도 있을 텐데요.

걱정하실 부모님께 어떤 말이 가장 큰 힘이 될지 생각해 봅니다.

부모님과 나에게는 사랑이라는 커다란 마음이 언제나 함께할 거예요.

뿌듯함이 깃든
질문 중심 생각대화

벌집 Q 생각대화

『내복토끼』 | 최정아 글 · 이유승 그림 | 코이북스 | 2021

여기서는 그림책 『내복토끼』가 주제도서인데요. 이 책의 주인공은 누구일까요? 바로 꼬마 아이 영이가 잠들면 깨어나는 내복토끼들입니다. 영이는 종일 토끼가 그려진 내복을 입고 즐거운 하루를 보내는데요. 과연 내복토끼도 같은 마음일까요? 개구쟁이 꼬마 영이 만큼 토끼들의 하루도 절로 아이들을 웃음 짓게 하지요. 그런데 책을 절반쯤 읽다 보면 갑작스러운 일이 생깁니다. 영이가 불덩이처럼 열이 나거든요. 곁에서 자는 엄마는 도통 잠에서 깨어나질 않고요. 그래서 옆구리 토끼, 배 토끼, 엉덩이 토끼 등 영이의 내복토끼들이 총출동합니다. 함께 힘을 합쳐서 영이를 지켜주는 것이죠.

여기서 아이들에게 묻습니다. 힘든 일이 생겼을 때 가장 먼저 달려와 줄 듯한 사람은 누구일 것 같으냐고요. 그러면 아이들은 부모님, 친구, 누나, 형, 선생님까지 자신이 소중하게 여기는 사람을 큰 목소리로 외칩니다. 이어서 지금까지 받았던 도움 중에서 기억에 남는 일을 물어도 아이들은 서로 앞다투어 이야기합니다.

이를 통해 아이들이 살고 있는 세상을 들여다볼 수 있었어요. 그 결과, 따뜻함이 아이들을 감싸고 있었고, 그 온기가 어디에서 왔는지 함께 이야기해 보길 바랐어요. 아이들이 도움을 줄 수 있는 일에 대해서도 대화하고 싶었고요. 이처럼 자신을 둘러싼 세상을 찬찬히 살펴보길 바라는 마음에서 벌집 Q 생각대화를 시작했습니다.

아래는 따뜻한 세상에서 도움을 주고받는 모습을 상상하며 아이들에게 던진 벌집 Q 생각대화 질문입니다.

> **벌집 Q 생각대화 질문**
> ① 그림책을 읽고 나서 생각나는 키워드는 무엇인가요?
> ② 벌집 속 키워드를 보니 어떤 질문이 떠오르나요?
> ③ 친구의 질문에 어떤 대답이 떠오르나요?
>
> 함께 대화를 나누며 성장해요

이 질문들은 경쟁하듯 토론하는 분위기가 아니라, 차분하게 차례를 따라가며 각자의 이야기에 경청하게 해줍니다. 서로 질문을 만들어가는 과정을 살펴보고, 그 질문에 대답해야 하는 순서가 왔을 때 자기 입장을 분명하게 드러내게 하거든요. 이는 상대의 말에 귀 기울이지 않으면 결코 해낼 수 없는 활동이죠. 이 과정은 자기 질문이 최고가 되어야 하는 승부에서 본인의 질문에 친구들이 정성껏 대답해 주는 모습을 통해 따뜻하게 성장하는 발판이 되어줍니다.

이렇듯 벌집 Q 생각대화는 서로 도움을 주고받는 존재로서 상호작용을 하게 합니다. 그리고 횟수를 거듭할수록 벌집 Q 생각대화 같은 훈련이 인공지능 시대의 아이들에게 필요한 부분이라는 걸 확신했어요. 왜냐하면, 아이들의 대화가 끝없이 이어졌고, 서로 눈을 맞추며 바라보는 시간도 점점 늘어났거든요.

각 질문은 이렇게 적용해요.

첫 번째 질문은 "그림책을 읽고 나서 생각나는 키워드는 무엇인가요?"로, 책을 덮고 나서 떠오르는 키워드를 활동지의 작은 벌집 모양에 써넣습니다. 생각이 빠르게 나는 아이들은 신중하게 키워드를 고르는 친구들을 배려하면서 활동하도록 하죠. 서로 겹치지 않도록 작은 벌집을 세심하게 살피게 하고요. 이때, 앉아 있는 자리에서 편한 방향으로 기록해 나가도 좋다는 안내도 덧붙입니다. 그러면 아이들 속도에 맞게 가운데 작은 벌집 칸이 채워집니다. 여기서 한 가지 팁을 주자면, 1개 키워드를 쓴 아이에게는 신중하게 쓴 점을, 여러 키워드를 빠르게 쓴 아이에게는 친구들을 도와줘서 고맙다고 칭찬합니다.

두 번째 질문은 "벌집 속 키워드를 보니 어떤 질문이 떠오르나요?"인 데요. 가운데 작은 벌집 칸의 키워드를 활용해서 질문을 만들게 하죠. 즉, 키워드가 질문 만들기에 디딤돌 역할을 합니다. 형식은 자유예요. 키워드 1개를 활용해도 되고 2개를 연결해서 만들어도 좋아요. 그렇게 탄생한 질문을 큰 벌집 칸에 쓰도록 합니다. 그에 더해 친구들이 다양하게 대답할 수 있는 물음을 떠올리도록 하고요. 만일 자기 질문 만들기를 완료하면 친구들 질문도 살펴보게 해요. 미리 어떤 대답을 할지 고민해 보게 하는 거죠.

세 번째 질문은 "친구의 질문에 어떤 대답이 떠오르나요?"입니다. 이는 활동지 큰 벌집의 친구들 질문에 대답해 보는 활동이에요. 먼저 모둠으로 모인 아이들에게 말하는 순서를 알려줍니다. 모둠에서 정해둔 번호가 있다면 그 순서로 진행해도 됩니다. 이처럼 차례가 정해지면, 첫 번째 친구가 자기 질문을 읽어주고 다른 친구들은 돌아가면서 대답을 내놓습니다. 다음 친구들도 같은 형식으로 이어갑니다.

아래는 그림책 『내복토끼』를 함께 읽고 벌집 Q 생각대화를 적용해 나눈 대화인데요. 친구들이 경쟁하지 않고 신중하게 답하는 모습에 자기 질문이 소중하게 다뤄지는 듯해 행복하다고 합니다. 이렇듯 질문을 평가하지 않고 대화를 나누며, 기분 좋은 감정을 느끼게 해주는 질문은 충분히 대화할 수 있는 시간도 갖게 합니다.

* **첫 번째 질문**

교사: 그림책을 읽고 나서 중요하게 느껴진 키워드는 무엇인가요? 곰곰이 생각해서 작은 벌집 칸에 써봅시다.

학생 1: 저는 '협동'이 생각났어요. 토끼들이 영이를 돕기 위해 함께 애쓰는 모습에서 떠올랐거든요.

학생 2: 저는 '신기한'이 생각났어요. 영이가 힘들 때 어떻게 내복에 있는 토끼들이 도와줄 수 있을까 생각했거든요. 저에게 만일 영이와 같은 일이 생긴다면 제 내복에서는 누가 도와줄지 궁금하기도 했어요.

* 두 번째 질문

교사: 두 번째 질문으로 넘어가 볼게요. 벌집 속 키워드를 보니 어떤 질문이 떠오르나요? 어떤 질문이든 좋고 나쁨은 없어요. 다만, 친구들의 다양한 생각을 들을 수 있는 질문이면 좋겠어요.

학생 1: 저는 '엄마는 왜 바로 일어나지 못했을까?'를 질문으로 적었어요. 영이가 열이 많이 나고 처음에 토끼들의 행동으로 영이가 꼼지락했을 것 같은데, 엄마가 쉽게 깨지 않은 점이 신기했어요. 엄마가 피곤했을까요? 영이가 어제도 아파서 엄마가 잠을 못 주무셔서 계속 잠을 잤던 걸까요?

학생 2: 저는 '영이가 토끼들의 도움을 알았을까?'를 질문으로 정했어요. 영이가 잠자는 동안 정말 신기한 일이 많이 생겼고, 토끼들이 평소 영이 때문에 힘든 점도 이야기했는데 들었을지 궁금하기도 했어요.

* 세 번째 질문

교사: 이제 마지막 질문이에요. 친구의 질문에 어떤 대답이 떠오르나요? 모둠 친구들의 벌집에 질문이 모두 만들어지고 나면 어떤 질문이 있는지 살펴봅시다. 질문을 모두 쓰고 나면 돌아가며 질문하는 시간을 가질게요. 첫 번째 친구가 자신의 질문을 읽어주면 다른 친구들은 순서대로 자기 생각을 말해주세요.

학생 1: 내가 제일 고마웠던 일은 무엇인가요?

학생 2: 저는 독감 걸렸을 때 엄마가 밤새도록 간호해 주신 거예요. 엄마가 잠도 못 주무시고 제 열이 떨어지도록 물수건으로 계속 닦아주셨거든요.

학생 3: 저는 제가 교실 바닥에 쏟은 우유를 친구가 같이 닦아 주었을 때입니다. 저도 굉장히 당황했는데 친구가 휴지를 가져와서 같이 닦아주니까 안심되고 고마웠어요.

학생 4: 저는 할머니께 고마웠어요. 실내화 가방을 두고 와서 속상해하고 있었는데 할머니가 제 마음을 알고 학교까지 가져다주셔서 너무 감사해요.

대화에서 알 수 있듯, 아이들은 서로 도움을 주고받으며 배웁니다. 그림책을 통해서도 다른 사람을 이해하고 협력하는 방법을 알아가고요. 토끼들이 그랬던 것처럼 자신이 할 수 있는 일을 하면서 스스로 존재를 인식하지요. 이로써 자신을 귀한 존재로 감사하게 여기며 자신감을 키우는 기회가 됩니다.

저는 아이들이 공동체 안에서 더불어 살아가려면, 타인을 이해하고 배려하면서 마주한 어려움을 해결해 나가는 경험을 해봐야 한다고 생각합니다. 그래야 차이를 인정하고 존중하는 태도를 갖추게 될 테니까요. 이러한 이유로 벌집 Q 생각대화는 아이들이 보석 같은 존재로 자라는 데 길라잡이 역할을 해준다고 믿습니다.

[벌집 Q 생각대화 활동지]로 서로의 이야기를 나눠보세요.

성장 톡톡

힘든 일이 있을 때 분명 누군가 도와주러 달려와 줄 거예요.

늦게 와서 미안하다고 전하기도 하고요.

내가 살아가는 세상은 분명 따뜻한 사람들과 함께합니다.

내가 알아차리지 못한 이 순간에도 나를 걱정하고, 나를 도우려는

사람들이 있으니까요.

힘든 일이 생겨도 조금만 기다려 볼까요?

따뜻하게 안아주고 토닥여 주는 사랑하는 사람들이 있어요.

그중 가장 가까이에는 나 자신도 있고요.

뿌듯함이 깃든
질문 중심 생각대화

왜만어 생각대화

『반이나 차 있을까 반밖에 없을까?』 | 이보나 흐미엘레프스카 | 논장 | 2008

왜만어 생각대화에서는 그림책 『반이나 차 있을까 반밖에 없을까?』를 주제도서로 선정했습니다. 이 책에서는 하늘과 물이 만나서 이루는 경계선을 물고기는 '세상의 끝'으로, 새는 '세상의 시작'으로 각자 다르게 바라보는 시선에 관해 이야기합니다. 같은 사물을 보아도 서로 다르게 해석한다는 걸 알 수 있죠.

실제로도 세상에 일어나는 일에 대해 사람들은 모두 다르게 인식합니다. 왜 그럴까요? 이는 현상을 판단하는 기준이 그 사람이 보고 생각하는 태도나 방향에 따라 달라짐을 말해줍니다. 그런데 문제는 자신은 옳고, 다른 사람은 틀렸다고 여긴다는 거예요.

이로써 같은 사물을 두고도 다른 입장을 나타내는 상황이 벌어집니다. 예를 들면 신발을 단 한 켤레 가진 친구는 매일 다른 신발을 신고 오는 친구를 부러워할 수도 있지만, 신발이 아예 없는 친구는 한 켤레의 신발이라도 가진 친구를 부러운 눈으로 볼 수 있거든요. 즉, 자신이 처한 사정에 따라 현실을 바라보고 해석하는 것이죠. 모든 일에 보이지 않는 곳까지 들여다볼 수 있게 되면 다양한 관점에서 판단하는 힘이 생깁니다. 다른 사람을 쉽게 얕보지 않는 태도도 보이게 되고요. 상대방에게 나름의 입장이 있으리라고 예측하며, 자신의 상황도 긍정적으로 받아들이게 됩니다. 나와 다른 사람과의 차이는 어떻게 바라보느냐에 따라 달라질 수 있는 부분이고, 다름은 다양함으로 이해할 수 있어 다채로운 삶을 이루는 밑거름이 된다는 사실에 고개를 끄덕이게 되지요.

아래는 각자의 시선을 이해하면서 조화로운 세상을 디자인해 나가는 아이들이 되길 꿈꾸며 던진 왜만어 생각대화 질문입니다.

왜만어 생각대화 질문

① '왜'가 들어가는 질문을 만들어 볼까요?
② '만약'이 들어가는 질문을 만들어 볼까요?
③ '어떻게 하면'이 들어가는 질문을 만들어 볼까요?

함께 대화를 나누며 성장해요

　이 질문은 어떻게 하면 아이들이 여러 방향으로 대답할 수 있을지를 고민한 끝에 탄생했습니다. 그리고 질문을 만들기 쉬워야 수업에서 자주 사용할 수 있을 테니, 배고픈 물고기가 밥을 달라고 하는 것처럼 '왜만어'라는 물고기가 질문을 부탁하는 모습을 아이들이 상상하도록 해요. 그러면서 왜만어 물고기는 질문을 먹고 산다며 질문을 최대한 많이 만들어 달라는 얘기도 곁들입니다.

　이런 기준으로 완성한 왜만어 생각대화에서 활용한 질문을 살펴볼까요? 먼저 그림책을 읽고 각자 중요하게 느껴지는 사건을 떠올려요. 그런 다음 그 상황과 관련하여 '왜', '만약', '어떻게 하면'을 붙여 질문으로 구성하게 하죠.

　첫 번째 질문은 "'왜'가 들어가는 질문을 만들어 볼까요?"입니다. 여기에는 어떤 사건에 대해 보이지 않는 원인을 찾아보고자 하는 의도가 담겨 있어요. 또한, 어떤 일이 발생하게 된 이유에 대해 깊이 있게 파악하도록 하고요. 현재 겪고 있는 문제 상황을 조금 더 나은 방향으로 이끄는 방법을 찾아보게도 합니다. 한마디로 숨겨진 동기를 찾아내면서 다양한 시선에서 생각하도록 함으로써 아이들의 사고를 유연하게 만드는 순간이지요. 그러면 '왜 주인공은 이런 선택을 했을까요?', '사람들은 왜 주인공을 쫓아왔을까요?'와 같은 질문이 여기저기서 나옵니다.

두 번째 질문은 "'만약'이 들어가는 질문을 만들어 볼까요?"입니다. 이 물음은 아이들에게 상상력을 발휘하게 하여, 여러 상황에서 어떤 일이 발생할 가능성을 탐색하도록 합니다. 그리하여 특정한 상황이나 조건에 따라 달라질 수 있는 현실을 이해하게 되면, '만약 내가 주인공이었다면, 나는 숲속에서 어떤 행동을 했을까?'처럼 해결책도 떠올려 볼 수 있죠.

마지막 세 번째 질문은 "'어떻게 하면'이 들어가는 질문을 만들어 볼까요?"입니다. 이 질문을 넣은 이유는 문제를 해결할 수 있는 구체적인 방법을 고민하게 하는 데 있어요. 타인의 사정을 이해하고, 더 공감하며, 아이들이 대화에 더욱 적극적으로 참여하게 만들지요. 또 '어떻게 하면 주인공을 쉽게 도울 수 있을까?'처럼 구체적이고 실질적인 해결 방법을 찾도록 합니다.

이런 과정을 거쳐 모둠 친구들이 '왜만어' 질문으로 활동지를 채우고 나면 충분히 읽어보는 시간을 갖습니다. 그러고 나서 앞의 방법처럼 다른 모둠과 활동지를 바꾸어 아이들이 질문의 주인이 되기보다 질문에 집중할 수 있도록 합니다.

대표 질문을 정할 때는 질문 위에 지우개를 놓거나 손가락으로 가리키면서 의사를 표현할 수 있어요. 마찬가지로 질문이 정해지면 모둠 친구들은 차례대로 대답합니다. 그러면 모둠의 질문과 대답이 정리되겠지요. 그 내용을 모둠에서 뽑힌 대표가 전체 친구들 앞에서 발표하도록 합니다. 또는 교실 한곳에 전시해 두기도 해요.

아래는 그림책 『반이나 차 있을까 반밖에 없을까?』를 함께 읽고 왜만어 생각대화를 적용해 나눈 대화인데요. 아이들의 다양한 관점을 엿볼 수 있습니다.

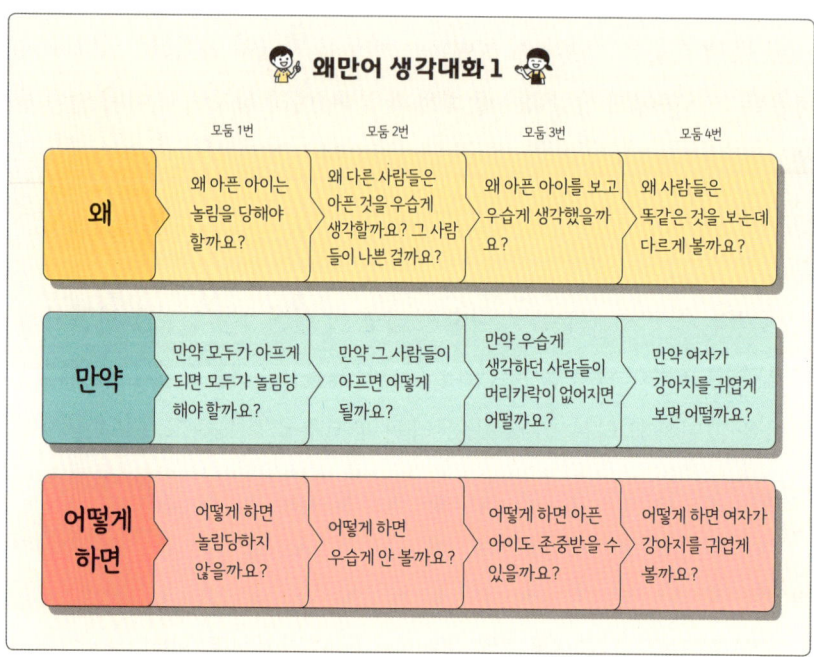

＊ 첫 번째 질문

교사: '왜'가 들어가는 질문을 만들어 볼까요?

학생 1: 왜 사람들은 똑같은 것을 보는데도 다르게 볼까요?

학생 2: 왜 아픈 아이는 놀림을 받아야 할까요?

학생 3: 왜 사람들은 아픈 것을 우습게 생각했을까요? 그 사람들이 나쁜 걸까요?

＊ 두 번째 질문

교사: 두 번째 질문입니다. '만약'이 들어가는 질문을 만들어 볼까요?

학생 1: 만약 모두가 아프게 되면 모두 놀림을 받게 되는 걸까요?

학생 2: 만약 우습게 생각했던 사람들이 머리카락이 없어지면 어떻게 될까요?

학생 3: 만약 여자가 강아지를 귀엽게 보면 어떨까요?

＊ 세 번째 질문

교사: 세 번째 질문입니다. '어떻게 하면'이 들어가는 질문을 만들어 볼까요?

학생 1: 어떻게 하면 놀림을 당하지 않을까요?

학생 2: 어떻게 하면 아픈 아이도 존중받을 수 있을까요?

학생 3: 어떻게 하면 여자가 강아지를 귀엽게 볼 수 있을까요?

＊ 추가 질문

교사: 이제 마지막입니다. 모둠 친구들이 왜만어 질문을 모두 썼나요? 어떤 질문이 있는지 꼼꼼하게 살펴볼까요? 그런 다음 모둠의 대표 질문을 정합니다. 단, 다양한 대답을 해볼 수 있는 내용으로 뽑도록 합니다.

"왜 머리카락이 없는 아이는 놀림을 받아야 할까요?"가 대표 질문으로 선정되었네요. 여기에 대한 답을 함께 나눠보면서 모둠의 결론을 정리해 봅시다.

모둠 대표: 다르다고 해서 놀림을 받는 것은 놀리는 사람에게 이해, 존중의 마음이 부족한 것 같아요. 서로를 살펴보고 말과 행동을 하는 태도가 중요하게 느껴져요.

사실, 다름은 특별함을 의미하기도 합니다. 각자의 개성과 장점이 세상을 아름답게 만들 듯, 다른 사람들과 다르다고 해서 부끄럽게 여기기보다는 자랑스러워하고 타인도 존중해 줄 수 있어야 해요. 우리 모두 그런 따뜻하고 아름다운 세상을 만들어가는 주인이 되길 바라요.

[왜만어 생각대화 활동지]로 서로의 이야기를 나눠보세요.

왜만어 생각대화 2

모둠 질문

모둠 대답

성장 톡톡

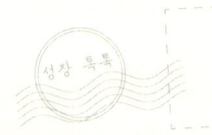

똑같은 물건이라도 우리는 서로 다르게 판단합니다.
똑같은 시간을 보냈더라도 우리는 서로 다르게 느낍니다.
똑같은 장소에 있었더라도 우리는 서로 다르게 생각합니다.

서로 다르게 판단하고, 느끼고, 생각하는 우리는 서로 다릅니다.
틀린 것이 아니라, 각자의 입장에서 다를 수 있지요.
그 차이를 인정하고 이해해 주는 태도가 필요하겠지요.
나도 입장을 바꾸면 그렇게 생각할 수 있으니까요.

· 04 ·

협력을 이끄는
문제 해결 중심 생각대화

신호등
생각대화

해결돼지
생각대화

나무
생각대화

메타포
해결기차
생각대화

문제 해결 중심 생각대화에도 4가지의 유형이 있습니다. 그리고 모두 문제를 해결하는 과정을 거치며 대화를 이어가게 합니다. 함께 고민하고 해결 방법을 찾으면서 협력하도록 이끌죠.

구성은 다음과 같아요. 신호등의 색깔에 따라 문제를 바라보는 '신호등 생각대화', 고민, 위로, 해결, 다짐의 차례를 거치는 '해결돼지 생각대화', 나무의 구성 요소에 따라 문제 해결 초점을 살피는 '나무 생각대화', 메타포 액자를 보면서 해결 방법을 찾아가는 '메타포 해결기차 생각대화'.

협력을 이끄는
문제 해결 중심 생각대화

신호등 생각대화

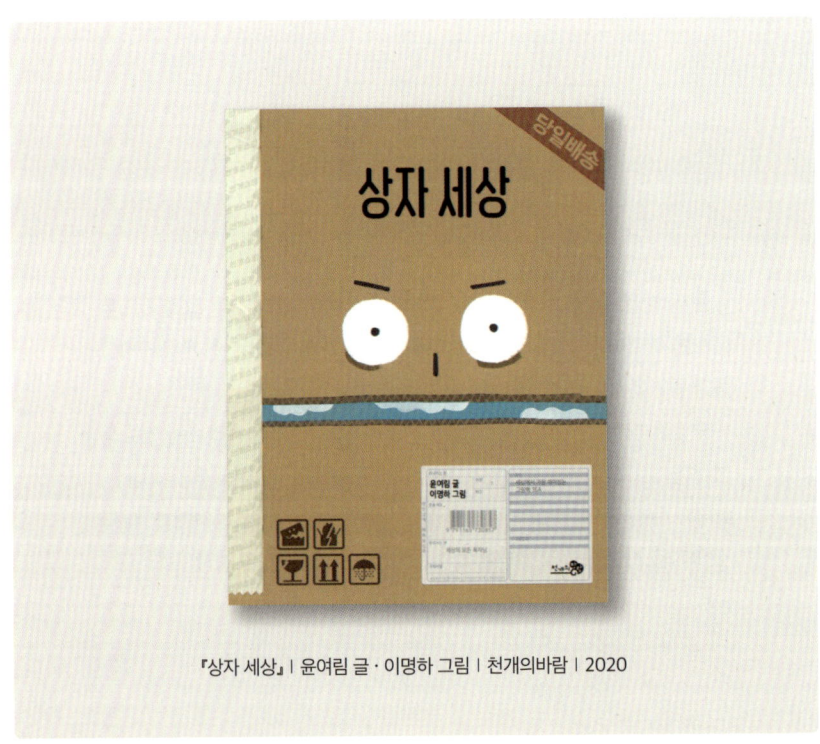

『상자 세상』| 윤여림 글·이명하 그림 | 천개의바람 | 2020

신호등 생각대화의 주제도서는 그림책 『상자 세상』입니다. 그림책에서 번개 쇼핑 택배 기사는 수백 개의 택배 상자를 가득 싣고 배송합니다. 그런데 택배를 주문한 사람들은 물건만 꺼내고는 상자를 밖으로 휙 던져 버립니다. 이렇게 버려진 택배 상자가 모여 어느새 아파트보다 더 높이 쌓이고, 그때부터 상자들은 "배고파!"를 외치며 세상의 모든 것을 먹어 치우기 시작해요. 그 와중에도 사람들은 더 빨리 주문하고 상자들은 빠르게 버려져요.

물론 바쁜 일상에서 늦지 않게 버리는 일이 제대로 된 일이라고 생각할 수 있어요. 더욱이 한 번 쓰고 버려지는 상자는 당연하다고 여길 수 있고요. 이에 저는 택배 상자의 의미를 아이들에게 생각해 보도록 합니다.

사실 아이들은 매일 많은 물건을 사용하고 있고 부모님께 요청하면 빠르게 가질 수도 있습니다. 몇 번의 클릭으로 하루 안에 택배를 받을 수 있다는 걸 아이들도 알고 있어요. 순식간에 간편하게 이뤄지는 소비가 택배 상자를 산더미처럼 쌓이게 하는 것 같다고도 해요.

이렇듯 번개처럼 소비가 일어나는 현실을 알고 있는 아이들에게 무엇이 문제인지 바라보게 하려고 집 근처에 산더미처럼 쌓이는 상자를 바라보면 어떤 마음인지 물어봅니다. 그러면 끝없는 소비로 쉽게 버려지는 게 늘어가는 듯하다는 답변이 돌아옵니다. 이 반응에 더불어 살아가는 지구에서 함께해야 할 일을 찾아보자고 합니다. 이미 지구는 이상 기후로 우리에게 경고를 보내고 있는데, 당장 필요하다고 해서 마음껏 누리는 태도가 올바르다고 느껴지지 않기 때문입니다.

이런 관점으로 모든 사물을 먹어 치우는 택배 상자를 상상해 보며 생각을 나누게 합니다. 평소 물건을 어떻게 소비하고, 구매하는지 자신의 일상을 떠올리면서 말이죠.

이처럼 문제 상황을 제대로 살펴보고, 각자 해결 방법을 탐구하게 하며 '신호등 생각대화 질문'을 던집니다.

> **신호등 생각대화 질문**
> ① 이 일에서 좋은 점은 무엇인가요?
> ② 이 일에서 좋지 않은 점은 무엇인가요?
> ③ 어떻게 하면 그 문제를 해결할 수 있을까요?
>
> 함께 대화를 나누며 성장해요

그런데 지금까지 해결해야 할 일을 제대로 결정해 본 기회가 적었던 아이들에게 신호등 생각대화는 쉽지 않아요. 어른들이 정한 의견 또는 몇몇 친구의 말에 따르는 상황이 많거든요. 심지어 자기 의견을 꺼내는 걸 특별한 일로 여겨요. 하지만 이 대화에서는 자신이 바라는 것에 집중하며 견해를 드러내는 게 목적입니다. 이를 위해 일어난 일을 자세히 살펴보면서 좋은 점과 도움이 되는 부분을 찾아냅니다. 그리고 그 상황에서 긍정적인 면을 발견하게 하죠. 그런 다음 불편한 점, 어려움을 느끼는 부분에 대해 서로 설명하도록 해요. 그러면 신기하게도 아이들은 마치 그 문제를 직접 겪은 것처럼 목소리에 힘주며 생기 있게 참여합니다. 이때 저는 간단하더라도 자기의 의견을 전달하며 참여하는 일이 의미 있다고 강조합니다.

이후에는 어떻게 하면 그 일이 해결될 수 있을지로 초점을 옮깁니다. 신호등 생각대화 질문을 적용해야 할 순간이죠.

대화는 아래와 같이 진행됩니다.

첫 번째 질문은 "이 일에서 좋은 점은 무엇인가요?"인데요. 그림책에서 중요하게 다가온 장면에서 긍정적인 점을 생각해 보며 활동지 노란색 부분을 채웁니다. 여기서는 도움을 받을 수 있는 부분을 생각해 볼 수도 있어요. 선택한 장면에서 발견한 방법을 일상생활에서 적용해볼 수 있는 방법을 찾아보는 것이지요. 생각대화 진행 방식은 자유입니다. 생각 쪽지를 활용해서 각자 의견을 붙여도 되고, 활동지에 직접 작성해도 됩니다. 이 활동의 장점은 마주한 상황에서 도움이 되는 일을 찾으면서 다른 각도로 바라보고, 새로운 아이디어를 떠올리는 밑거름을 만들어나간다는 거예요. 긍정적으로 문제를 해결하고 접근하는 기회이기도 하고요.

두 번째 질문은 "이 일에서 좋지 않은 점은 무엇인가요?"입니다. 여기서는 일어난 일에서 느껴지는 어려운 부분에 대해 활동지의 회색 칸에 적어 넣습니다. 즉, 문제를 해결할 때 일어나는 어려움을 살펴보면서 그 문제의 의미를 파악하게 하는 것이죠. 달리 표현하면, 어떤 부분에 제약이 있는지를 알아보는 시간이라고 할 수 있겠네요. 이에 따라 문제점을 해결하기 위한 계획을 세울 수 있습니다. 더 나아가 다른 사람들과 협력하고 도움을 요청할 수도 있어요. 물론 이 과정에서 실패나 실수를 생각해 보며 또 다른 도전이 되기도 하지요.

세 번째 질문은 "어떻게 하면 그 문제를 해결할 수 있을까요?"인데요. 자신이 생각하는 좋은 방법을 초록색 칸에 메모합니다. 그 후에 친구들과 여러 각도에서 문제 상황을 바라보고 어떻게 실행하면 좋을지 함께 나누어 봅니다. 더불어 사용할 수 있는 도구와 사람들의 습관 등을 고려하기도 하고요. 그 과정에서 우선순위를 정하며 구체적인 계획을 세우는 시간도 갖습니다.

이렇듯 문제가 되는 일에 대해 좋은 점, 어려운 점, 해결 방법을 함께 고민하면서 아이들은 문제에 대해 깊이 이해하며 지혜를 쌓아갑니다. 그러려면 집중하는 시간과 행동이 필요하지요. 실제로 아이들도 생각만 해서는 문제가 해결돼지 않는다고 해요. 그러면서 떠올린 해결책을 직접 실행으로 옮길 거라고 서로 다부진 다짐을 합니다.

아래는 그림책 『상자 세상』을 함께 읽고 나눈 신호등 생각대화입니다.

* **첫 번째 질문**

교사: 그림책을 읽고 나서 떠오르는 좋은 점은 무엇인가요? 자신에게 도움이 되는 점을 떠올려 봐도 좋아요.

학생 1: 『상자 세상』 그림책은 지구 환경이 좋아지게 할 것 같아요. 왜냐하면 사람들도 지금까지 자신들의 행동을 생각해 보면서 환경에 대해 고민할 것 같아서요.

학생 2: 상자가 만들어지는 나무를 더 아끼고 보호할 수 있을 것 같아요. 낭비되는 상자가 많다는 걸 알게 돼서 아껴 쓰지 않을까요?

＊ 두 번째 질문

교사: 이제는 이 일에서 좋지 않은 점을 떠올려 봐요. 또는 이 상황에서 어렵게 느껴지는 부분을 생각해 봐도 좋고요.

학생 1: 사람들은 상자를 버릴 때 귀찮아서 그냥 버리는 것 같아요. 상자 겉에 있는 테이프나 주소가 적힌 종이를 떼서 버려야 하는데 그렇게 하지 않는 걸 보면 말이죠.

학생 2: 사람들이 작은 물건을 큰 상자에 넣어 사용해서 상자가 낭비되기도 하는 것 같아요. 조금만 더 신경 쓰면 낭비를 줄일 수 있을 것 같아요.

＊ 세 번째 질문

교사: 어떻게 하면 그 문제를 해결할 수 있을까요? 친구들이 말한 다양한 방식에서 실제로 해볼 수 있고, 효과 있는 방법을 생각해 보면 좋습니다.

학생 1: 과대포장을 줄이면 좋겠어요. 꼭 필요한 만큼만 포장해서 배달하면, 환경을 보호할 수 있을 것 같아요.

학생 2: 분리수거 방법을 제대로 실천하면 좋겠어요. 쓸 수 있는 물건과 버려지는 물건을 분류하면, 환경이 좋아질 것 같거든요.

대화에서 살펴봤듯, 아이들과 택배 상자를 비롯해 일상에서 겪는 환경 문제를 고민하는 시간을 가집니다. 과대포장, 상자 크기, 무게 등을 고려하면서 상품을 안전하게 포장하면서도 환경에도 도움이 되는 부분에 대해서도 고민하지요. 그에 더해 환경친화적인 포장 방법을 더 살펴보자는 의견도 나와요. 추가로 재활용할 수 있는 재료, 최소한으로 포장이 되는 방법을 조사하기도 합니다. 가장 놀라운 부분은 그저 책 한 권 읽고, 질문을 통해 문제점을 찾고, 해결법에 대한 생각을 주고받았을 뿐인데, 이제는 미룰 수 없는 일이라며 미래 삶의 주인 모습을 보여주는 거예요. 그만큼 아이들의 사고가 성장해 나간다는 증거가 아닐까 합니다.

[신호등 생각대화 활동지]로 서로의 이야기를 나눠보세요.

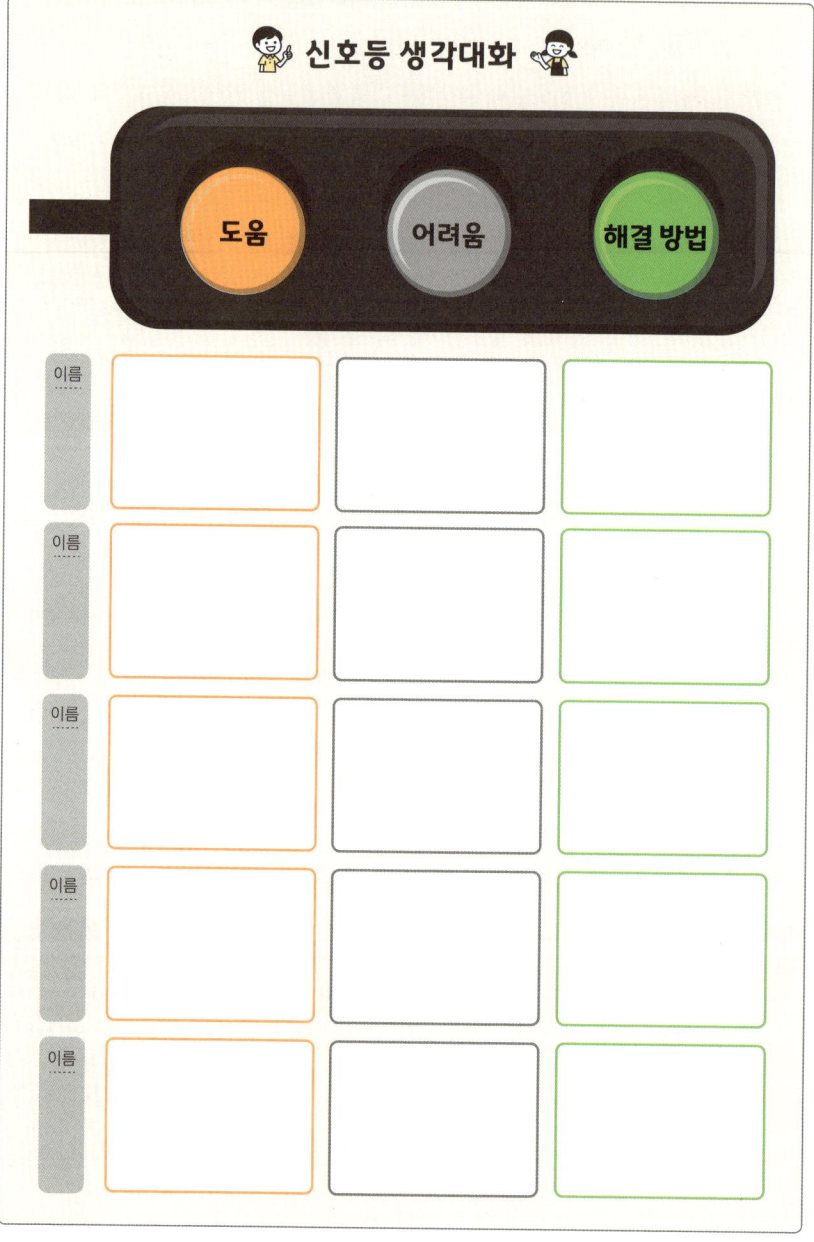

성장 톡톡

사람들이 사용하고 버린 상자는 사람들을 위해 즐거운 일을 합니다.
택배 상자를 마주하는 사람들은 필요한 때에 도착한 상자를 보고 반가워하니까요.
하지만 이내 사람들의 마음은 떠나버리지요.
사람들은 상자를 어떻게 대하고 있나요?
상자들의 목소리를 들을 수 있다면,
사람들에게 따끔하면서도 슬픈 이야기를 전하지 않을까요?

계속 모른 척할 수 있을까요?
우리가 눈을 돌리면 쉽게 볼 수 있는 택배 상자!
일상에서 우리의 작은 손길이 필요한 순간입니다.
무엇부터 해볼까요?

협력을 이끄는
문제 해결 중심 생각대화

해결돼지 생각대화

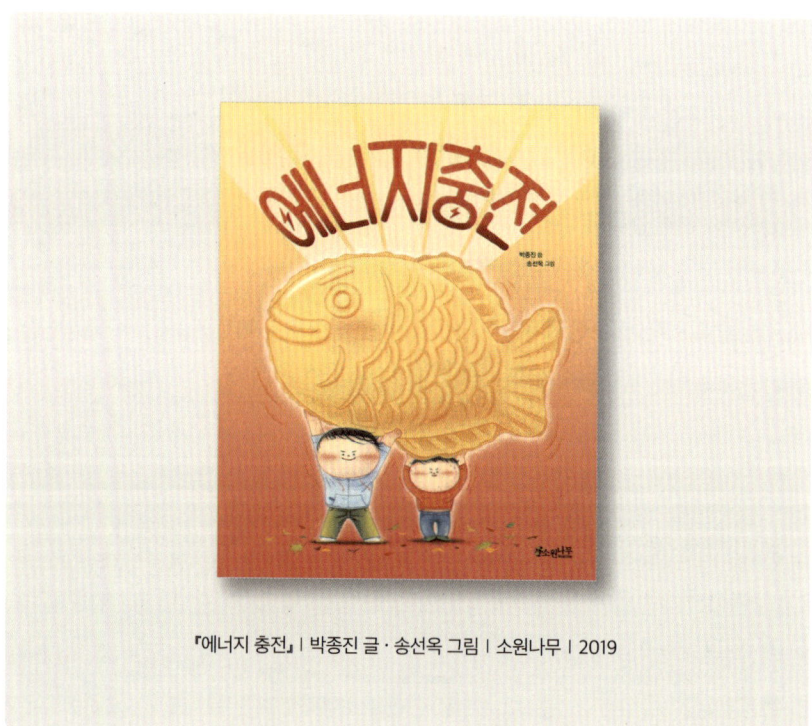

『에너지 충전』 | 박종진 글 · 송선옥 그림 | 소원나무 | 2019

여기서는 그림책 『에너지 충전』을 주제도서로 정했습니다. 이 그림책 표지에는 사이좋게 붕어빵을 들고 있는 두 아이의 모습이 보입니다. 그런데 이런 둘 사이에 다툼은 하루도 끊이지 않아요. 왜냐하면 형인 선동이가 동생을 쉬지 않고 놀리니까요. 한편, 형의 그럴듯한 농담에 동생 율동이는 거짓말인 것처럼 느끼다가도, 진짜 형 말대로 건전지가 다 된 장난감처럼 자기가 멈출까 봐 걱정하기도 합니다. 그래서 율동이는 형을 따라 로봇 에너지를 충전할 방법을 찾아 동네 곳곳을 돌아다니는데요. 하지만 계속 놀리기만 하는 것 같아도 형은 일 때문에 늦는 엄마, 아빠를 대신해 동생을 보살피는 따뜻한 마음씨를 가지고 있습니다. 그렇게 하루를 보내며 어디서든 함께하는 두 형제를 통해 끈끈한 형제애를 엿볼 수 있어요.

이런 그림책 『에너지 충전』을 함께 읽는 아이들은 웃음을 지으면서 엄청나게 공감합니다. 누군가는 형의 입장에서, 또 다른 누군가는 동생의 입장에서 자기에게 있었던 일을 떠올리거든요.

실제로 형제, 자매 사이에 매일 생기는 다툼은 아이들 감정을 파도처럼 요동치게 하죠. 부모님은 싸우지 말라고 늘 타이르지만, 아이들은 '오빠 때문에', '동생 때문에' 화가 나고 짜증이 많이 난다고 해요. 그러면 아무리 가족이라 하더라도 각자 성격이 다르기 때문에 의견이 충돌할 수 있다고 감싸줘요. 서로의 생각이 맞지 않아서 갈등이 생기는 거니까요. 또 각자의 생각이나 감정을 제대로 전달하지 못해 오해가 발생할 수 있다고도 알려주죠.

그런데 문제는 이렇게 생긴 고민을 혼자 감당하다 보면 어느새 스트레스가 쌓인다는 거예요. 그래서 아이들은 학교에 와서 언니, 오빠나 동생 그리고 친구 사이에서 생긴 어려움을 자연스레 이야기합니다. 그렇게 속마음을 털어놨을 때 친구가 자신의 고민을 들어주고 공감해 주며 격려해

준다면, 마음이 편안해지고 스트레스도 차츰 사라지거든요. 때로는 친구들이 전해 주는 말로 인해 다른 방향에서 살펴보는 기회가 되고, 더 나은 방향에서 문제를 해결할 방법을 찾는 시간을 갖기도 합니다.

이 과정에서 자기 마음을 알아주는 친구들이 좋아지면서 관계가 깊어집니다. 자신의 감정을 표현하면서 자기 마음을 이해하고 상대방에 대한 공감도 잘 이뤄지고요. 당연히 고민을 듣던 친구들에게도 긍정적인 영향을 미칩니다. 상대방을 위로하고 격려해 주면서 자신이 좋은 사람이라는 느낌이 생기거든요. 이렇게 마음의 힘이 부쩍 자란 아이들을 보게 되는 기쁨이 참 큽니다.

아래는 함께 고민을 나누며 눈빛, 말투, 손길에 고마움과 다정함을 담아 따뜻한 존재로 서로를 이해하면서 나누는 해결돼지 생각대화 질문입니다.

> **해결돼지 생각대화 질문**
> ① 나의 고민은 무엇인가요?
> ② 친구의 고민을 듣고 어떤 말로 위로해 줄 수 있을까요?
> ③ 친구의 고민에 대해 어떤 해결 방법을 추천해 줄 수 있을까요?
> ④ 앞으로 나는 어떻게 다짐할 수 있을까요?
>
> 함께 대화를 나누며 성장해요

먼저 해결돼지 생각대화 활동지를 살펴보며 자기 생각을 쓰게 합니다. 생각 쪽지를 활용해서 자기 의견을 써서 붙여도 되고 활동지에 직접 쓰게도 하고요. 이때 모둠 안에서 한 방향으로 돌려가면서 활동지를 작성하기도 하고, 활동지를 들고 자유롭게 친구들을 찾아가 대화를 나눌 수도 있습니다.

   각 질문은 이렇게 적용해요.
   첫 번째 질문은 "나의 고민은 무엇인가요?"입니다. 왼쪽 고민돼지 칸에 그림책 주제와 관련해서 고민되는 각자의 경험을 씁니다. 각자의 고민을 쓰면서 자신의 감정이나 생각을 정리하고, 그것을 다시 볼 수 있어서 자기 자신을 더 잘 이해할 수 있지요. 물론 다른 친구들의 비슷한 고민을 보면서 공감하는 마음도 커지고요.
   두 번째 질문은 "친구의 고민을 듣고 어떤 말로 위로해 줄 수 있을까요?"입니다. 왼쪽 위로돼지 칸에 고민한 친구에게 전해 줄 수 있는 공감과 위로의 말을 써보는 거예요. 이렇게 고민이나 경험을 들어주는 시간은 서로에게 성장과 배움의 계기가 됩니다. 다른 사람들의 의견이나 조언을 받은 것을 바탕으로 자기 경험을 돌아보며 새로운 방식으로 이해하고 발전시킬 수 있으니까요.
   세 번째 질문은 "친구의 고민에 대해 어떤 해결 방법을 추천해 줄 수 있을까요?"입니다. 친구에게 자신이 경험해 보았거나 알고 있는 좋은 해결 방법을 오른쪽 해결돼지 칸에 써주는 것이지요. 이처럼 자신의 어려움을 극복하거나 해결한 경험을 추천하다 보면 자신도 도움을 줄 수 있는 사람이라는 동기 부여를 받아요.
   추가로 자신의 고민에 대해 친구들이 건네준 위로와 공감, 해결 방법을 살펴보며 앞으로 어떻게 할지 스스로 다짐하는 시간을 갖습니다.
   물론 아이들이 꺼낸 고민은 누군가에겐 사소하고 작은 부분일 수도 있어요. 하지만 친구들과 함께한 시간은 세상에서 가장 진지한 시간입니다.

서로에게 진정한 공감과 격려를 해주니까요. 게다가 친구들의 조언에는 어떤 지시나 평가, 판단이 들어가 있지 않은 따뜻한 말이니까요.

아래는 그림책 『에너지 충전』을 함께 읽고 어려운 시기나 상황에서 격려의 말을 주고받는 과정을 통해 자신이 혼자가 아님을 느끼면서 나눈 해결돼지 생각대화입니다.

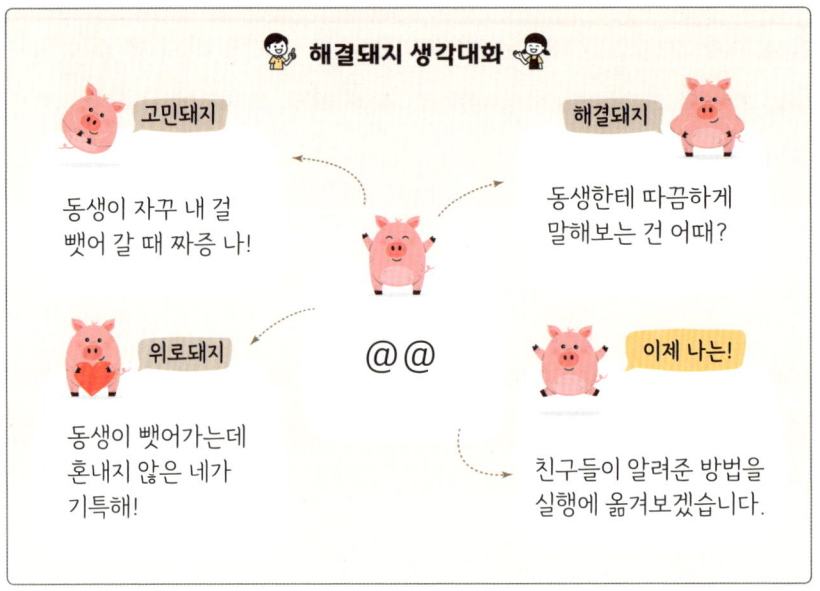

* **첫 번째 질문**

   교사: 나의 고민은 무엇인가요? 곰곰이 생각해서 고민돼지 칸에 써보세요.
   학생 1: 저는 동생이 자꾸 내걸 뺏어갈 때 짜증이 납니다. 좋은 것을 가져갈 때도 많고요. 어제는 덮고 있던 이불도 가져가서 너무 황당하고 짜증이 났어요.

* **두 번째 질문**

   교사: 두 번째 질문입니다. 친구의 고민을 듣고 어떤 말로 위로해 줄 수 있을까요? 비슷한 경험을 했던 때를 떠올리며 친구에게 힘 되는 말을 써주세요.

학생 1: 동생이 말도 하지 않고 네 것을 뺏어가는데 혼내지 않은 네가 기특해.

학생 2: 나 같으면 정말 화가 났을 것 같아. 우리 오빠도 내 물건을 마음대로 가져가거든.

★ 세 번째 질문

교사: 이제 마지막 질문입니다. 친구의 고민에 대해 어떤 해결 방법을 추천해 줄 수 있을까요?

학생 1: 동생한테 따끔하게 말해보는 건 어때?

학생 2: 몇 번 참아보다가 그래도 안 되면 부모님께 네 마음을 제대로 전해봐. 나도 오빠 때문에 계속 힘들었을 때 부모님께 말씀드려서 해결한 적이 있거든.

★ 추가 질문

교사: 친구들이 건네준 위로와 공감, 해결 방법을 살펴보면서 앞으로 나는 어떻게 말하고 행동할지 다짐을 써볼까요?

학생 1: 저는 친구들이 알려준 방법을 실행으로 옮겨보겠습니다. 지금까지는 참기만 하고 동생을 봐줬는데, 제 생각을 분명하게 나타내야겠다는 생각이 들었어요.

함께 생활하다 보면 어려움이나 고민은 생길 수 있지요. 서로 의견이 다르고 오해가 생길 수 있으니까요. 이때 서로 감정을 이해하고 상황을 분명히 하면서 지킬 수 있는 약속을 찾으면 문제를 해결할 수 있습니다. 특히 자기 마음에 격려와 지지가 더해지면 이전까지 스트레스가 되었던 문제가 해결되지요.

이로써 해결돼지 생각대화는 격려와 조언을 해주는 자기 행동에 책임감을 느끼고, 상대방을 배려하며 존중하는 태도를 가지게 하여 다 같이 성장해 나가는 시간이 됩니다.

[해결돼지 생각대화 활동지]로 서로의 이야기를 나눠보세요.

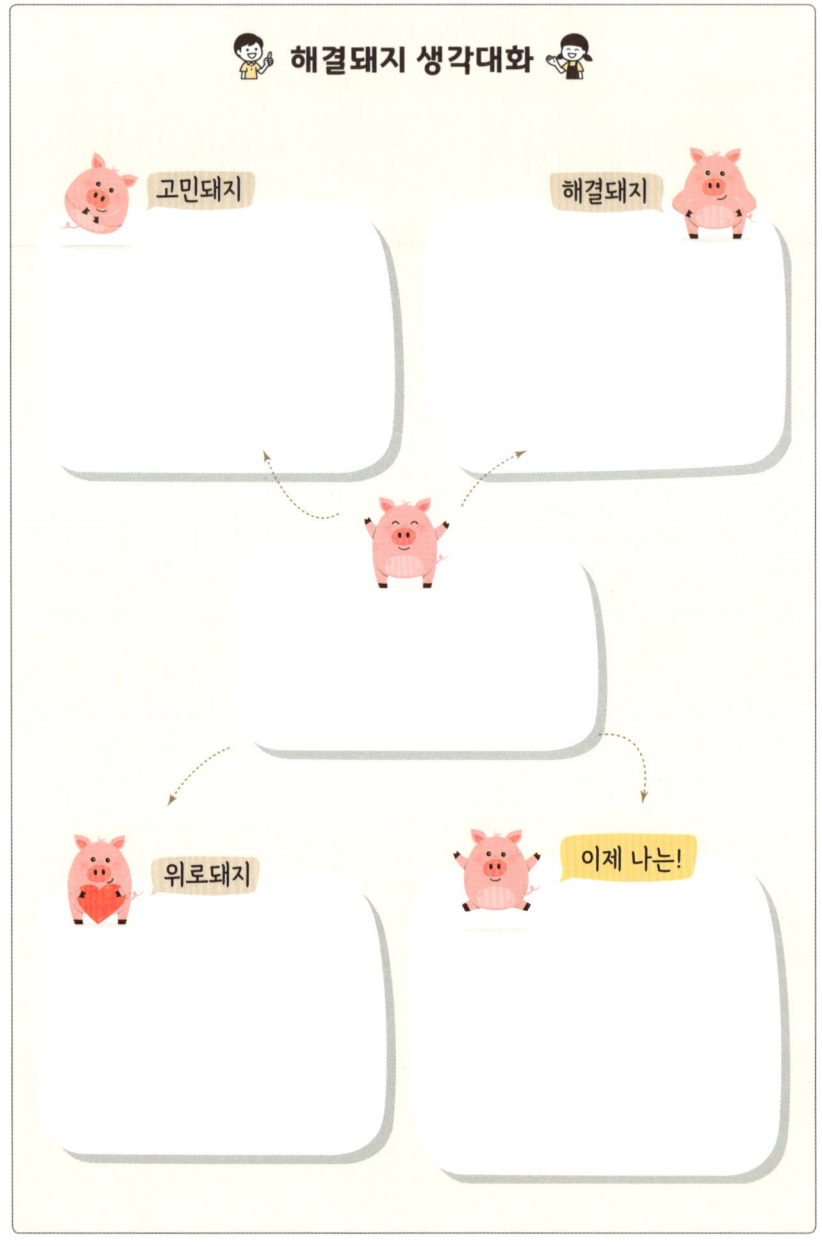

성장 톡톡

아이들은 자주 싸웁니다. 금방 화해하기도 하고요.

아이들의 마음에는 비구름이 찾아들기도 했고, 따뜻한 햇살로 가득하기도 했지요.

어떤 일이든 일어나지 않을 순간은 없어요.

다만, 그 순간을 어떻게 지나가느냐가 중요하겠지요.

아이들이 함께한 순간에 채운 것은 무엇이었을까요?

아이들에게 사랑 에너지가 가득하길 바랍니다.

사랑 에너지는 원하는 대로 언제든지 채울 수 있는 마법의 힘입니다.

사랑 에너지를 어떻게 채울 수 있을지 고민해 볼까요?

협력을 이끄는
문제 해결 중심 생각대화

나무 생각대화

『터널』| 헤게 시리 글·마리 칸스타 욘센 그림 | 책빛 | 2018

2부_그림책 생각대화 실천편 | 협력을 이끄는 문제 해결 중심 생각대화

나무 생각대화의 주제도서는 그림책 『터널』[1]입니다. 이 그림책의 제목처럼 두 마리 토끼가 터널에 있습니다. 이 토끼들은 도로가 아스팔트로 덮이면서, 뛰어놀던 곳이 하루아침에 사라지는 일을 겪습니다. 차들이 무섭게 내달리는 도로 위를 그냥 건너갈 수 없게 되었고요. 그래서 두 마리 토끼는 오로지 자신들이 머물 곳을 찾기 위해 귀를 기울이며 땅을 파고 터널을 만들어요. 이 변화는 토끼뿐만 아니라 숲속에 살고 있던 다른 동물들에게도 해당하는 일입니다. 그리하여 동물들은 먹이, 은신처 등을 찾아 새로운 곳을 찾아 떠나야만 했는데, 이때 길을 건너는 동물들이 자동차에 충돌하는 사고가 발생합니다. 즉, 사람들의 필요로 인해 동물들이 죽는 일이 많아진 것이죠.

만약 입장을 바꿔 사람들에게 이런 일이 생긴다면 어떨까요? 이에 동물도 사람과 마찬가지로 소중한 생명이라는 사실을 깨닫고, 함께 살아가는 태도에 대한 대화가 필요할 듯했어요. 그래서 어떻게 하면 사람과 동물이 공존하며 살아가는 땅에서 일어나는 문제를 해결해 나갈 수 있을지 대화를 나누며, 진지하게 고민하는 시간을 가져보기로 했죠.

우선 아이들에게 문제를 해결하려면 무엇이 필요한지 떠올리면서 목표나 방향을 설정하게 했습니다. 문제를 해결하기 위해서는 그 사안에 대해 계속해서 들여다봐야 하니까요. 또 그 시간을 통해 교훈을 얻기도 하죠. 그뿐만 아니라 방해 요인을 살펴보면서 대처 능력을 강화할 수도 있어요. 실제로 문제 해결 과정에서 예상하지 못한 문제가 생겼을 때 대처 능력이 필요한데요. 방해되는 요소를 점검하면서 상황에 유연하게 대응하는 태도를 기릅니다. 그에 더해 해결되었을 때의 결과를 예상해 보는 일도 중요하게 다룹니다. 어떤 점에서 문제가 개선될지, 어떤 변화가 일

---

[1] 『터널』 헤게 시리(글). 마리 칸스타 욘센(그림). 책빛. 2018

어날지 예측하면서 효과적인 해결로 이어지게 하려는 의도가 담겨 있죠.

아래는 문제를 함께 해결하는 경험으로, 협력의 문화를 자연스럽게 만들어가는 아이들이 나누는 나무 생각대화 질문입니다.

> **나무 생각대화 질문**
>
> ① 문제를 해결하기 위해 무엇이 필요할까요?
> ② 문제를 해결하는 데 방해되는 것은 무엇일까요?
> ③ 문제를 해결하면 어떤 점이 좋아질까요?
>
> 함께 대화를 나누며 성장해요

이 질문은 아이들 배움에 중요한 의미가 있습니다. 고민 없는 결론은 일시적이거나 실행으로 옮겨지지 않을 수도 있지만, 깊이 궁리하면서 찾은 해답은 삶에 절로 묻어나니까요. 특히 나무 생각대화를 마치고 나면 아이들의 환경에 대한 감수성이 높아진 게 느껴져요. 아마도 동물이 우리와 떼려야 뗄 수 없는 관계이기에 그들을 대하는 태도의 중요성을 깨달은 덕분이 아닐까 합니다.

그럼, 각 질문을 어떻게 적용하는지 둘러볼까요?

첫 번째 질문은 "문제를 해결하기 위해 무엇이 필요할까요?"입니다. 나무 생각대화 활동지에 생각 쪽지를 활용해서 각자 대답을 붙여도 되고 활동지에 직접 써도 됩니다. 주제 칸에는 해결할 문제를 생각하고 토론해 정합니다. 그러고 나서 좋은 결과로 이어지려면 무엇이 더 필요한지에 대해 떠올려 보며 활동지 나무뿌리에 적어봅니다.

두 번째 질문은 "문제를 해결하는 데 방해되는 것은 무엇입니까?"입니다. 이 물음에는 주제와 관련해서 방해되거나 어려움을 일으키는 일을 추측해 보면서, 나무의 성장을 막는 바이러스처럼 나무 바깥쪽 바이러스 칸에 대답을 씁니다.

세 번째 질문은 "문제를 해결하면 어떤 점이 좋아질까요?"입니다. 문제가 해결되었을 때 일어날 긍정적 변화를 예상해서 활동지 나뭇잎에 기록해요. 당연히 모든 결과가 최선책이 아닐 수 있습니다. 반면, 함께 결정한 의견을 살펴보면서 문제를 대하는 각자의 태도가 아이들을 성장으로 이끄는 데 의의가 있습니다. 대처하는 방법을 배우고, 그것을 점검해 보는 시간은 어떤 일을 겪더라도 이겨내는 힘을 주니까요. 이 순간의 경험이 아이들 각자 삶에서 중요한 방향이 되어 주리라 믿습니다.

아래는 그림책 『터널』을 함께 읽고 나눈 나무 생각대화입니다.

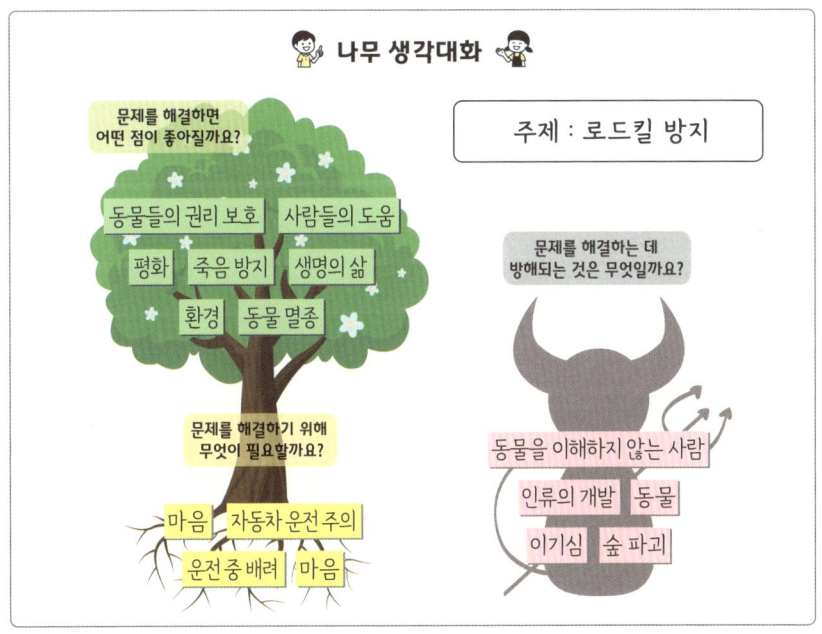

* 첫 번째 질문

교사: 문제를 해결하기 위해 무엇이 필요할까요?

학생 1: 우선 마음이 필요하다고 생각해요. 왜냐하면 어떤 방법이든 동물과 사람의 입장을 골고루 생각하는 마음이 제일 중요하니까요.

학생 2: 자동차들의 배려도 필요해요. 빨리 가려고 하거나 사람들만을 위해 만든 자동차 도로 때문에 동물들이 사는 곳, 움직이는 곳이 파괴되고 도로에서 죽는 동물들이 많아요. 자동차 도로만 우선하는 것이 아니라 동물들의 입장도 따져보아야 한다고 생각해요.

* 두 번째 질문

교사: 두 번째 질문입니다. 문제를 해결하는 데 방해되는 것은 무엇일까요?

학생 1: 저는 사람들의 이기심이라고 생각합니다. 사람들은 자신들의 편리를 위해서 계속해서 개발하고 동물들의 보금자리를 빼앗는 것 같아서입니다.

학생 2: 동물을 이해하지 않는 사람들입니다. 사람 중에는 환경 단체를 만들어서 동물을 보호하는 사람들도 꽤 많은데, 이와는 반대로 동물들의 권리에 대해 전혀 생각하지 않는 사람들도 있기 때문입니다.

* 세 번째 질문

교사: 마지막 질문입니다. 문제를 해결하면 어떤 점이 좋아질까요?

학생 1: 동물들의 권리가 보호될 것 같아요. 사람들의 자동차 도로가 먼저라고 생각했을 때는 동물들이 사는 곳이 무자비하게 파괴되었지만, 로드킬 방지가 법으로 정해지면 동물들의 생명도 안전해질 것 같아요.

학생 2: 저는 사람들과 동물에게 평화가 찾아올 것 같아요. 사람들도 로드킬 방지에 애쓰면서 동물들의 살 곳을 지켜줄 거란 생각이 들거든요.

아이들은 대화를 통해 동물과 사람이 함께 살아가는 방법을 배웁니다. 동물들에게서 생명을 앗아가는 게 아닌, 안전한 공간을 제공하는 방법을 탐구하는 것이지요. 더불어 생명에 대한 보살핌과 배려의 중요성을 깨닫고 애정을 갖기도 합니다.

모쪼록 나무 생각대화를 활용해 책임을 이해하고 실천할 수 있는 방법을 찾아 함께 살아가는 사회 구성원으로서 역할을 익혀가길 바라요.

[나무 생각대화 활동지]로 서로의 이야기를 나눠보세요.

성장 톡톡

사람들은 생명에 대해 어떤 생각을 하고 있나요?
사람뿐만 아니라 동물, 식물까지도 지구에 함께 살아가는 생명입니다.
지구에서 함께 공존하고 있는 모든 존재가 어떻게 살아가는 것이
가장 정당한 것일까요?

우리는 모두 연결되어있습니다.
무엇을 보고 그렇게 말할 수 있을까요?
두 마리 토끼가 전해 주는 공존과 연결에 대해 고민해 봅니다.

협력을 이끄는
문제 해결 중심 생각대화

메타포 해결기차 생각대화

『지혜로운 멧돼지가 되기 위한 지침서』| 권정민 | 보림 | 2016

2부_그림책 생각대화 실천편 | 협력을 이끄는 문제 해결 중심 생각대화

그림책『지혜로운 멧돼지가 되기 위한 지침서』가 메타포 해결기차 생각대화의 주제도서입니다.

어느 날 아침, 자고 일어났는데 자신이 살고 있던 집이 없어졌다면 어떨까요? 이렇게 상상하기도 힘든 일을 겪은 멧돼지 가족은 머물 집을 찾아 방랑을 시작합니다. 용감한 엄마 멧돼지는 아기 셋을 데리고 도시 곳곳을 누비는데요. 그 과정에서 트럭 옆에 숨어있는 도둑고양이를 만나고, 꽉 막힌 도로에서 철장 트럭에 실려 가는 돼지 한 무리도 보고, 사람들로 가득한 뷔페식당 바깥에서 한참 구경도 합니다. 이런 멧돼지 가족들의 하루가 어쩐지 우습기도 하고 슬프게도 느껴지는데요. 특히 자신들을 좇는 카메라 앞에서 멋지게 포즈를 취하는 모습이 측은하게 다가옵니다.

이쯤 읽으면 아이들은 경찰에게까지 쫓기던 멧돼지 가족이 얼른 집을 찾아내길 바라지요. 그리고 엄마 멧돼지에게 힘내라고도 하고, 아기 멧돼지들에게는 엄마 놓치지 말고 어서 따라가라고 외칩니다. 어떤 때는 제목을 살펴보다가 '지침서'가 무슨 뜻인지 저에게 질문하지요. 그러면 멧돼지 가족이 행복하게 살기 위해 무엇이 필요한지 되묻습니다. 사람과 동물이 지혜롭게 함께 살기 위해 무엇이 절실한지 생각하게 하는 것이죠.

여기서 그치지 않고, 여러 문제 상황에서 아이들이 어떻게 하면 깊이 있는 생각을 해낼 수 있을지 고민했습니다. 하나의 장면이라도 서로 다른 방향에서 꺼내는 이야기는 문제를 의미 있게 바라보는 기회가 되거든요. 이러한 이유로 아이들이 마주한 사안을 충분히 들여다보면서 천천히 머무는 기회를 얻길 바랐어요. 이 마음으로 질문을 적용했더니 주어진 문제를 정면으로 바라보고, 어떤 어려움이 있는지 탐색하면서 가능성을 찾아내는 아이들 모습이 인상적이었어요. 서로 협력하며 탐구하는 경험은 아이들 스스로 책임감 있는 자신을 만나게도 했고요.

아래는 함께 문제 앞에서 멈추어 해결 과정에 책임감을 가지려는 아이들에게 던진 메타포 해결기차 생각대화 질문입니다.

메타포 해결기차 생각대화 질문

① 메타포 액자를 보고 나니 이 그림책이 무엇 같나요?
② 이 그림책이 필요한 이유는 무엇인가요?
③ 이 그림책에 나온 문제의 해결을 방해하는 것은 무엇인가요?
④ 이 그림책에 나온 문제를 해결하는 방법은 무엇일까요?

함께 대화를 나누며 성장해요

이 질문을 순서대로 따라가다 보면, 문제를 분석하고 그 문제 해결의 중요도를 파악하게 됩니다. 그뿐만 아니라, 문제 해결의 어려움을 점검하면서 해결 방법을 추론하는 과정에서 구체적인 방법을 찾도록 도움을 주기도 하죠. 이는 자연스레 꾸준히 문제를 해결해 나가게 합니다.

진행 방식은 다음과 같은데요. 활동지의 기차 칸마다 기록하는 역할을 정해서 써도 되고 아이들이 각자 기차 칸 풍선에 생각을 쓰고 나서 대화를 나누어도 좋아요.

각 질문은 이렇게 적용해요.

첫 번째 질문은 "메타포 액자를 보고 나니 이 그림책이 무엇 같나요?"로, 메타포 액자의 키워드를 활용해서 그림책의 주제를 한 단어로 빗대어 설명하는 활동입니다. 이는 비유를 통해 아이들이 익숙한 개념으로 받아들이게 합니다. 이로써 상상력을 자극하고 다른 친구들의 이야기를 궁금하게 만들어 주죠. 게다가 해당 장면을 상상하게 하여 기억에 오래 남도록 합니다.

두 번째 질문은 "이 그림책이 필요한 이유는 무엇인가요?"입니다. 그림책에서 전달하는 주제가 꼭 다루어져야 하는 이유를 물어보는 것이죠. 아이마다 중요하게 생각하는 이유가 다르고 경험한 부분이 달라서 각자 시선이 확대되어 가는 게 보입니다. 이렇게 자기가 생각하는 가치를 얘기하다 보면 문제 해결의 목적을 알게 될 뿐만 아니라, 해결 과정이 제시하는 장점도 고려해 보며 실천에 대한 동기와 열정을 불러일으킵니다.

세 번째 질문은 "이 그림책에 나온 문제의 해결을 방해하는 것은 무엇인가요?"로, 그림책에서 발견한 문제점을 해결하려고 할 때 방해가 되거나 어려운 점을 찾게 합니다. 여기서는 상황을 자세하게 탐색해야 해서, 아이들에게 실제로 겪었거나 뉴스나 책에서 보았던 내용을 바탕으로 문제 해결을 막았던 사례를 떠올리도록 해요. 쉽지 않지만, 어려움이나 장애물을 직면하면서 효과적인 해결책을 찾는 데 도움이 되는 훈련임을 깨닫게 합니다.

네 번째 질문은 "이 그림책에 나온 문제를 해결하는 방법은 무엇일까요?"입니다. 그림책 속 주인공이 겪고 있는 문제를 해결할 방법을 구체적으로 고민하는 시간입니다. 이때 다양한 의견을 나누는 아이들에게 상황에 적절하고 효과적으로 실천할 수 있는 수단이어야 한다고 귀띔해 줍니다.

아래는 그림책 『지혜로운 멧돼지가 되기 위한 지침서』를 읽고 메타포 해결기차 생각대화를 적용해 나눈 대화입니다. 각자 문제를 빗대어 설명하는 과정으로 대화 과정에 흥미 있게 참여하고, 단계에 따라 문제 해결 과정의 경험을 거치면서, 아이들은 배움의 과정에서 구경꾼이 아닌 적극적인 참여자로 자기의 존재를 드러내고 있음을 확인할 수 있습니다.

메타포 액자

달걀	기회	웃음	사람	바퀴	조심	한걸음
일꾼	문				해	새
도구	케이크	웃음	사람	바퀴	아름다움	경주
금	새	약	달리기	손잡이	판단	굴뚝
호기심	행동	꾸준함	설득	기다림	하늘	고요함
말	사과	끝	강인함	방법	시간	방법
최선	세상	선택	꿀	시작	숲	행운
도움	책	황금	아침	변화	흙	용감

메타포 해결기차 생각대화

✱ 첫 번째 질문

교사: 메타포 액자를 보고 나니 이 그림책이 무엇 같나요? 액자에 있는 단어를 활용해서 그림책의 주제를 빗대어 설명해 봐요.

학생 1: 저는 이 그림책이 '선택'이라고 생각해요. 왜냐하면 인간과 동물이 함께 살고 있는 곳에서 사람들 마음대로 멧돼지의 집을 빼앗으면 안 되잖아요. 이제 사람들은 같은 지구에서 살고 있는 동물들을 위해 선택해야 해요.

학생 2: 저는 '한걸음' 단어와 이 그림책이 비슷하게 느껴져요. 지침서는 멧돼지 가족이 안전하게 살기 위한 설명서 같거든요. 이 책처럼 우리도 동물을 아끼고 보호하는 한 걸음을 실천해야 한다고 생각해요.

✱ 두 번째 질문

교사: 두 번째 질문입니다. 이 그림책이 필요한 이유는 무엇인가요?

학생 1: 저는 이 그림책이 멧돼지 가족의 일을 사람들에게 기억하게 해줄 것 같아요. 잊지 말고 이 문제를 함께 생각해 보자고 하는 것 같고요.

학생 2: 이 그림책에서 멧돼지 가족이 겪은 일을 사람들도 비슷하게 겪을 수 있지 않을까요? 원래 살고 있던 곳을 잃는 경험 말이에요. 그래서 그림책을 읽는 이 시간이 중요하게 느껴져요.

✱ 세 번째 질문

교사: 세 번째 질문입니다. 이 그림책에 나온 문제의 해결을 방해하는 것은 무엇인가요?

학생 1: 사람들의 욕심 때문에 멧돼지 가족이 사는 곳을 빼앗긴 것이요.

학생 2: 그림책 속에서는 멧돼지 가족이 오래 살아있는 것 같은데, 어쩌면 사람들이 쏜 총에 죽음을 맞이할 수도 있을 것 같아요. 쫓기는 가족들이 불쌍하게 보였어요.

✱ 네 번째 질문

교사: 마지막 질문입니다. 이 그림책에 나온 문제를 해결하는 방법은 무엇일까요?

학생 1: 지구에서 사람과 동물이 함께 행복하게 사는 방법을 공부해야 할 것 같아요.

서로를 보호하는 지식이 있어야 어려움을 겪는 동물들도 적극적으로 도울 수 있잖아요.

학생 2: 저는 동물의 권리를 보호해 줘야 한다고 생각해요. 사람들은 동물들과 함께 살아가는 지구에 대해 자신만 생각하는 욕심을 버려야 하고요.

아이들의 대화 속에서 느낄 수 있듯, 동물도 사람과 마찬가지로 존재 자체로 의미가 있습니다. 그리고 동물을 보호하고 존중하는 태도는 주변 사람들의 어려움에도 따뜻한 관심으로 이어져요. 그러하기에 저는 메타포 해결기차 생각대화로 훈련한 아이들이 다른 존재에 대한 존중과 올바른 실천력을 가진 미래 시민으로 자라나리라 기대합니다. 점차 동물 보호자로 자라면서 아이들이 따뜻한 관점으로 환경을 바라보지 않을까 해서요.

[메타포 해결기차 생각대화 활동지]로 서로의 이야기를 나눠보세요.

성장 톡톡

사람들에게 집이 있는 것처럼 멧돼지 가족에게도 집이 있어요.

멧돼지 가족들의 집은 안전했나요?

사람에게도, 멧돼지 가족에게도 가장 중요한 것은 무엇일까요?

멧돼지 가족이 어떤 마음으로 하루하루 살아가길 원하나요?

멧돼지 가족과 사람들 가족의 공통점과 차이점을 생각해 보는 것은

왜 중요할까요?

지구에 함께 살고 있는 존재로 멧돼지 가족을 바라봅니다.

· 05 ·

'나'를 돌이켜보는
성찰 중심 생각대화

메타포　　　메타포　　　보석친구　　　배움지도
선물시간　　거울시간　　생각대화　　　생각대화
생각대화　　생각대화

생각대화의 마지막 구성은 '성찰 중심 생각대화'입니다. 이 또한 4가지 방식으로 진행하는데 일상에서 자신을 돌아보는 대화로 이끕니다. 그림책 장면과 연결해서 자기 경험과 비교하게 하는데요. 지금까지 잘 알고 있다고 여긴 내 모습이 낯설게 느껴지지만, 대화를 이어갈수록 마음이 단단해지고 자기 자신을 따뜻하게 바라보는 여유가 생기는 게 느껴집니다.

이러한 성찰 중심 생각대화는 주인공에게 전해 주고 싶은 것을 다른 무언가에 빗대어 설명하면서 자신을 살펴보는 '메타포 선물시간 생각대화', 주인공의 모습을 메타포 액자의 키워드로 비유하며 자기를 만나는 '메타포 거울시간 생각대화', 주인공의 마음과 장단점을 자신과 비교해 보는 '보석친구 생각대화', 배움 과정에서 본 것, 들은 것, 생각한 것, 자신이 비슷하게 행동한 점을 찾아내는 '배움지도 생각대화'로 이루어져 있습니다.

'나'를 돌이켜보는
성찰 중심 생각대화

메타포 선물시간 생각대화

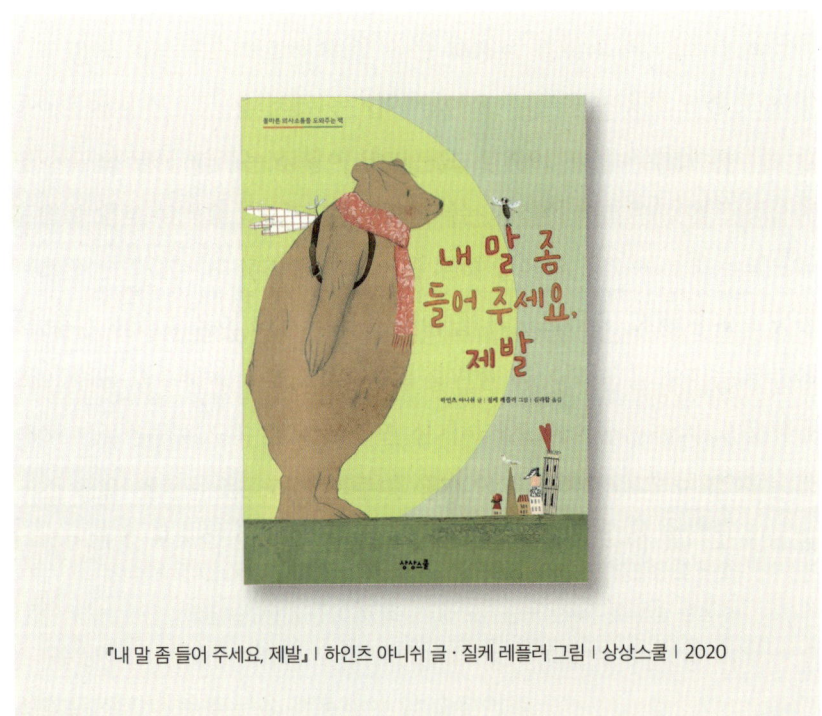

『내 말 좀 들어 주세요, 제발』| 하인츠 야니쉬 글·질케 레플러 그림 | 상상스쿨 | 2020

메타포 선물시간 생각대화의 주제도서는 그림책 『내 말 좀 들어 주세요, 제발』입니다. 표지의 곰은 걱정스러운 표정으로 어떤 말을 전하려고 하는데요. 이 장면을 보면서 다른 사람에게 자기 고민을 나누고 싶을 때 지금까지 어땠는지 아이들에게 묻습니다. 그러면 아이들은 자기 경험을 진지하게 이야기해요. 그 가운데 어려움을 이야기하면, 귀 기울이지 않고 곧바로 해결 방법을 알려주어서 오히려 대화를 나누기 전보다 더 속상하다는 반응도 나옵니다. 자신이 진짜로 원했던 것은 자기 말에 귀 기울여 들어주는 거였다고 하면서요.

이 그림책의 곰도 아이들과 비슷해요. 발명가, 재단사, 모자 가게 주인, 신발 가게 주인 모두 곰의 고민은 제대로 듣지 않고 자기들 나름의 방식만 알려주죠. 그때마다 곰은 답답해하거나 불편해 보이고요. 그렇다면 곰에게 진짜 필요한 것은 무엇일까요?

실제로도 사람들은 상대의 말에 귀 기울이는 것보다 알고 있는 방식을 먼저 말해 버리기도 해요. 고민이 있는 사람은 그저 들어주기만 해도 좋고, 이야기하면서 스스로 해답을 찾아내기도 하는데도 말이죠.

이러한 이유로 아이들에게 대화를 나눌 때, 서로의 이야기에 집중하고, 의견을 존중하며, 상대방을 중요하게 여기는 마음가짐이 중요하다고 전해요. 그리고 제대로 된 경청은 다른 사람의 입장에서 그 사람의 의도를 파악하여 제대로 된 의사 전달도 가능함을 알리고요. 이로써 아이들은 상대방을 지지하고 격려하면서 친해집니다.

이렇듯 메타포 선물시간 생각대화는 '경청'을 바탕으로 이루어집니다. 또 액자의 키워드를 참고하여 주인공에게 필요한 선물을 고름으로써 상대방에게 중요한 가치와 부족한 부분을 제공하는 눈을 키우도록 합니다. 여기에 더해 은유법을 익히게 하지요. 이러한 연습은 아이들에게 복잡한 개념이나 추상적 내용을 쉽게 이해하는 데 도움을 줍니다.

이처럼 선물을 선택하는 과정은 자기 내면을 탐구하는 생생한 기회가 됩니다. 자신의 감정과 욕구를 이해하며 중요하게 여기는 가치와 목표를 확인하고, 자신의 삶을 의미 있게 살아가도록 돕는 밑거름을 만들게 하거든요. 게다가 자기 생각이나 감정을 키워드로 명확하게 전달하도록 하니 친구들과 원활한 소통을 할 수 있게 해주죠.

이 같은 활동의 반복을 통해 자신의 의견을 표현하는 '메타포 선물시간 생각대화 질문'이 탄생했습니다.

메타포 선물시간 생각대화 질문

① 그림책을 읽고 나서 인상 깊게 느껴진 인물은 누구인가요?
② 그 인물은 어떤 마음이 들었나요?
③ 그 인물에게 주고 싶은 선물은 무엇인가요?

함께 대화를 나누며 성장해요

각 질문은 아래와 같이 주어집니다.

첫 번째 질문은 "그림책을 읽고 나서 인상 깊게 느껴진 인물은 누구인가요?"인데요. 책을 읽고 의미 있게 느껴지는 인물에 대해 모두의 생각을 모아서 정합니다. 이 단계에서 책 속 인물이 겪은 상황을 명확하게 이해합니다.

두 번째 질문은 "그 인물은 어떤 마음이 들었나요?"입니다. 인물이 가진 고민을 자세하게 들여다보며 어떤 심정인지 파악해요. 여기에서 감정은 그 일을 겪은 사람에게 있어 신호등과 같음을 느껴요. 다음 행동을 하게 하는 단서가 되거든요.

세 번째 질문은 "그 인물에게 주고 싶은 선물은 무엇인가요?"로, 메타포 액자에 적힌 키워드를 보면서 그림책 속 인물에게 어떤 선물을 줄지 상상해 보는 거예요. 이때는 자기 경험을 떠올리게 하면서 상대가 가장 필요할 듯한 대상에 다가가게 해요.

　정리하자면, 메타포 선물시간 생각대화는 평소 자신이 어떤 감정을 느끼는지, 왜 그런 마음이 드는지를 살펴보며 자기를 더 잘 이해하게 합니다. 이는 어떤 고민이 생겼을 때 아이들 나름의 적절한 방법이나 대처를 할 수 있도록 하죠. 더불어 다른 사람의 감정을 이해하고 소통하도록 해서 상대방과의 상호작용에서도 긍정적인 효과가 있고요. 결국 키워드를 통해 인물에게 필요한 것을 탐색하는 활동은 자신의 감정과 욕구를 알게 함으로써 어떤 것을 원하고, 어떤 방향으로 나아가야 할지 판단하는 힘을 기른다고 할 수 있어요.

　아래는 그림책『내 말 좀 들어 주세요, 제발』을 함께 읽고 메타포 선물시간 생각대화를 적용해 나눈 대화인데요. 키워드를 찾으며 자신을 성찰해 나가는 소중한 시간을 눈여겨보세요.

		메타포 액자				
달걀	기회				조심	한걸음
일꾼	문				해	새
도구	케이크	웃음	사람	바퀴	아름다움	경주
금	새	약	달리기	손잡이	판단	굴뚝
호기심	행동	꾸준함	설득	기다림	하늘	고요함
말	사과	끝	강인함	방법	시간	방법
최선	세상	선택	꿀	시작	숲	행운
도움	책	황금	아침	변화	흙	용감

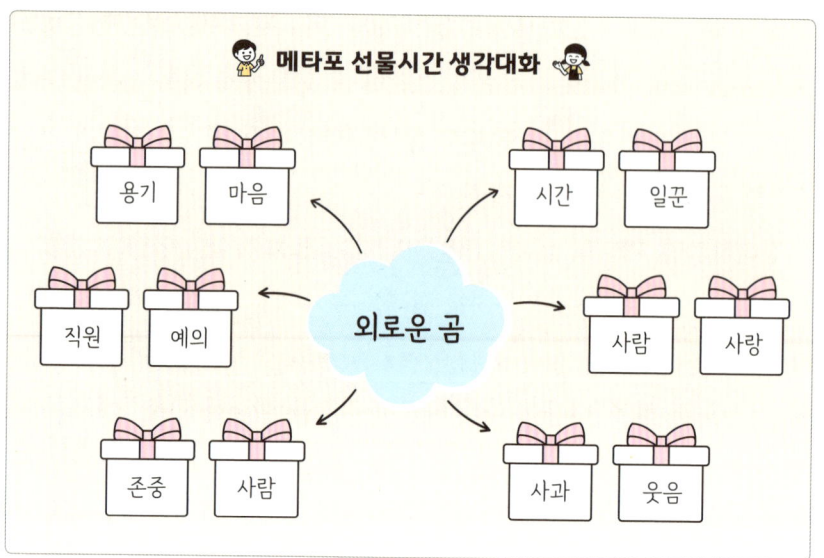

* **첫 번째 질문**

    교사: 그림책에서 인상 깊게 느껴진 인물은 누구인가요? 모둠 친구들과 의논해서 가운데 원에 써봅니다.

    학생 1: '곰'입니다. 곰이 고민하고 해결하는 이야기가 나왔잖아요.

    학생 2: 저도 '곰'이라고 생각해요. 곰은 자신의 어려움을 해결하려고 노력했잖아요. 만일 저도 곰처럼 다른 사람이 제 말을 제대로 들어주지 않으면 속상해서 그냥 포기하고, 혼자 슬퍼했을 것 같아요.

* **두 번째 질문**

    교사: 그 인물에게 어떤 마음이 느껴졌나요?

    학생 1: 저는 '외로운' 마음을 느꼈어요. 왜냐하면 곰이 자기 말을 하려고 할 때마다 계속 중단되어서 진짜 친구는 없다는 생각이 들었거든요.

    학생 2: '속상한' 마음이 들었어요. 동네를 돌아다닐 때 대부분 경청을 제대로 해주지 않아서 거절 받는 느낌이었을 것 같아요.

★ 세 번째 질문

교사: 메타포 액자의 키워드를 보고 그 인물에게 주고 싶은 선물을 2개 골라볼까요? 또 왜 그 키워드를 선택했는지도 이야기 나눠 봐요.

학생 1: 저는 곰에게 '용기'와 '마음'을 선물해 주고 싶어요. 친구들이 제대로 들어주지 않아 외로운 곰은 다른 사람에게 계속 물어봐야 해서 용기가 필요하고, 답답할 때마다 자신을 위로해 주는 마음도 필요하니까요.

학생 2: 저는 '존중'과 '사람'을 선물로 주고 싶어요. 이야기를 들어주는 순간에 필요한 것은 존중이고, 잘 들어주는 친구 같은 사람이 있으면 좋겠다고 생각했거든요.

아이들과 경청에 대한 대화를 나누다 보면, 지금까지 답답함이 컸다고 해요. 가족, 친구일지라도 자신의 방식을 충고처럼 전하니 섭섭하다고도 하고요. 그저 가만히 들어주기만 해도 좋을 텐데 사람들은 성급하게 판단하며 때로는 조언을 폭탄처럼 쏟아낸다는 거죠. 이러한 체험을 바탕으로 주고받는 대화는 마음을 움직이는 경청이 어떤 말과 행동으로 이루어지는지 이해하게 합니다. 덕분에 메타포 선물시간 생각대화 시간은 아이들에게 자신과 다른 사람의 진심에 충분히 머무는 힘을 길러주고 있지요.

[메타포 선물시간 생각대화 활동지]로 서로의 이야기를 나눠보세요.

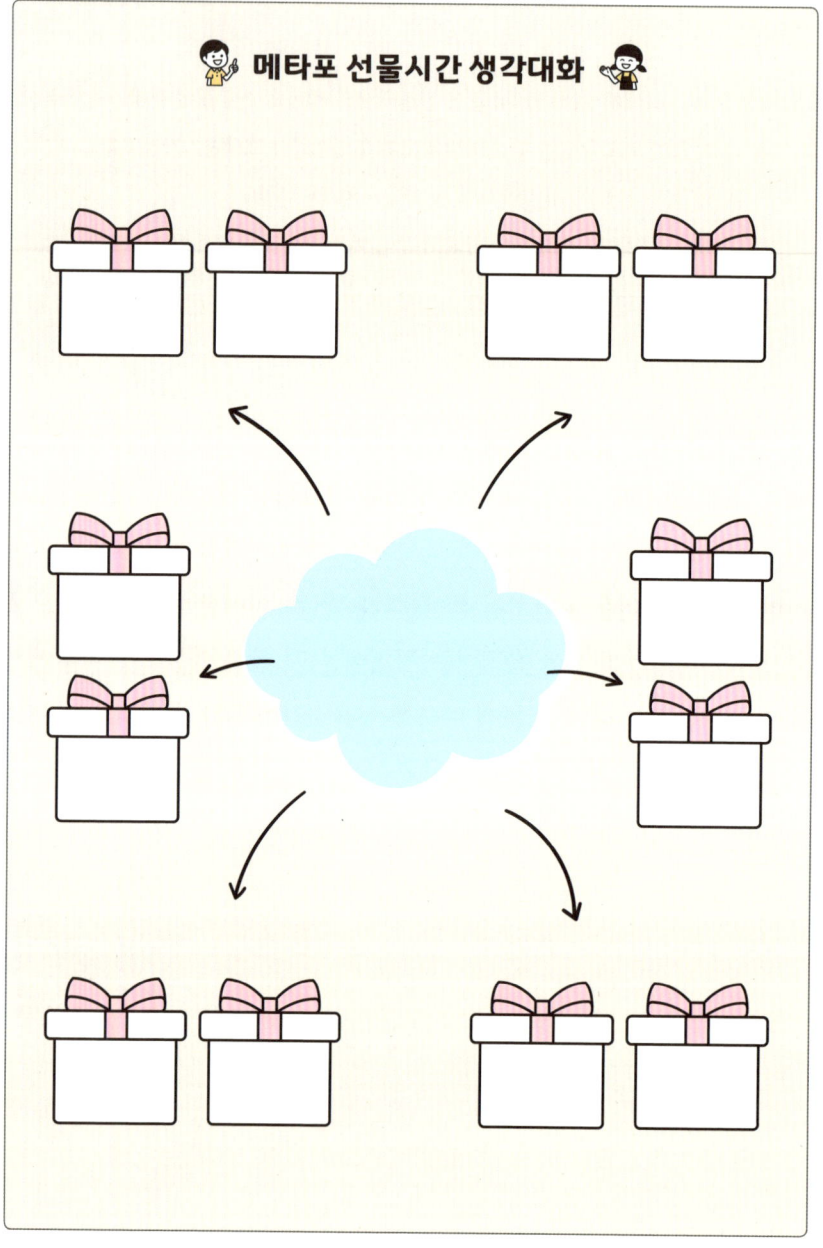

성장 톡톡

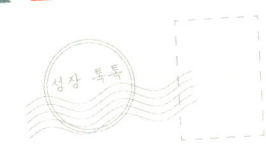

고민이 있을 때, 누구를 찾아가나요?

솔직하게 말했을 때 누가 들어주나요?

여유 있게 내 이야기를 들어줄 소중한 사람을 생각해 봐요.

멋대로 생각하는 사람이 아니라, 내 입장을 충분히 이해해 주는 사람을

떠올리는 것이죠.

곰처럼 나에게도 나의 이야기를 진지하게 들어주는 소중한 사람이

곁에 있기를 바라요.

'나'를 돌이켜보는
성찰 중심 생각대화

메타포 거울시간 생각대화

『선물 같은 너에게』| 최정아. 백혜란. 구은복 글 · 조성헌 그림 | 단비 | 2021

메타포 거울시간 생각대화에서는 그림책 『선물 같은 너에게』를 주제도 서로 정했습니다. 누구에게나 있는 처음을 응원하는 책인데요. 그중에서도 학교에서의 경험은 낯설기도 하고 두렵기도 합니다. 혼자서 해내야 하는 일이 많거든요. 이러한 변화의 걸음을 걷는 아이 마음속으로 따뜻한 말이 흘러갔으면 하는 바람이 듬뿍 담겨 있습니다. 교실에서 저마다의 빛깔로 반짝이는 아이들의 경험이 이해심을 키워가는 시간이었으면 하기도 하고요.

이런 내용을 바탕으로 저는 학교에서 제일 걱정되는 일이 무엇인지 아이들에게 물어요. 그러면 꾸중 들으면 어떻게 할까 염려하는 아이, 친구가 없어서 고민하는 아이, 줄넘기할 때마다 실수할까 봐 걱정하는 아이까지 각양각색의 대답이 나옵니다. 아마 아이들의 고민은 시시때때로 변할 거예요. 그런 아이들에게 어떤 말이 가장 힘이 되었는지 질문해 봐요. 이때 역시 너도나도 손을 듭니다. 선생님, 친구들이 위로와 격려를 해주면서 힘내라고 응원해 줄 때 괜찮은 느낌이 든다면서요. 이렇게 아이들은 함께 지내면서 성장의 시간을 차곡차곡 보내고 있는데요.

실제로 학교에서 일어나는 여러 상황은 실패해도 다시 한번 더 도전하게 합니다. 예를 들어, 새로운 친구를 만났을 때 자기 마음을 살피고, 같이 맞추어 가는 방법을 배워가면서 따뜻함이 마음속에 찾아들게 하지요. 세상에 단 하나뿐인 아이들에게 응원의 메시지를 보냅니다. 다른 사람이 칭찬해 주기를 기다리지 말고 스스로를 칭찬해 보라고요. 그럼 늘 칭찬과 함께 있는 사람이 될 수 있다고도 해주죠. 혹, 주인공 역할만 하고 싶어 한다면 주인공만 빛나는 게 아니라고도 일러줘요. 어디서든 그 자리에서 최선을 다했다면 그곳이 바로 빛나는 자리라고 말이에요.

그런 다음 그림책의 제목을 다시 보게 합니다. 그러면 처음보다 새롭게 다가오는 듯한 표정을 보이기도 하고, 책에 나온 이야기가 자신이 학교에서 겪었던 일과 비슷하다며 고개를 끄덕이기도 하죠. 그림책 장면마다 꽤 시간을 두는 아이들 모습입니다. 예전과 지금의 모습을 비교하며 자신을 돌아보기도 하고요. 그뿐만 아니라 어색하고 황당한 일도 시간이 지나면 괜찮아진다는 표현도 해요. 그때 선생님과 친구들이 해주는 말이 큰 힘이 되었다면서 그 과정을 통해 자신을 알게 되고, 세상을 이해하는 징검다리를 건넜다고 말합니다.

고백하자면 대화를 나누면서 아이들이 자신을 소중하게 여기고 자신감을 키우면서 스스로 존중하는 마음가짐을 가졌으면 했어요. 더 나아가 저마다 가진 귀한 존재 가치를 깨닫길 바랐고요. 말 한마디라도 따스한 지지와 격려를 담아 보내며 긍정적인 태도를 키워나갔으면 하는 마음도 컸습니다.

아래는 무지개처럼 다양한 빛깔로 자라는 아이들이 서로의 이야기에 귀 기울이며 적용하는 메타포 거울시간 생각대화 질문입니다.

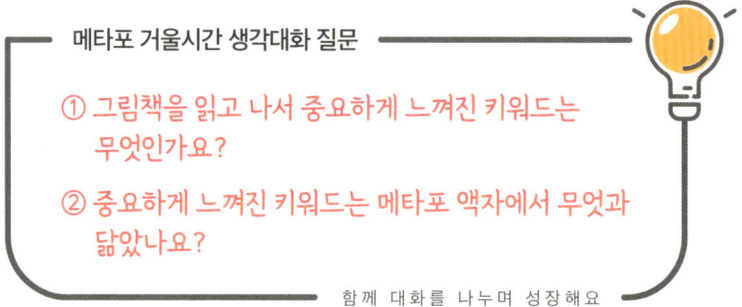

메타포 거울시간 생각대화 질문
① 그림책을 읽고 나서 중요하게 느껴진 키워드는 무엇인가요?
② 중요하게 느껴진 키워드는 메타포 액자에서 무엇과 닮았나요?

함께 대화를 나누며 성장해요

이 질문은 그림책에서 중요하게 느껴지는 단어를 거울에 비추듯 다른 표현으로 빗대어 보며 연관성을 찾도록 해요. 이처럼 한 가지 키워드를 다양하게 연결하는 활동은 다른 사람들의 생각을 이해하고 공감하도록 하지요. 서로의 경험을 공유할 수도 있고요.

이런 의도가 담긴 메타포 거울시간 생각대화를 나누며 선택한 키워드로 만나는 아이들은 적극적으로 생각 교환을 합니다.

각 질문은 이렇게 적용해요.

첫 번째 물음은 "그림책을 읽고 나서 중요하게 느껴진 키워드는 무엇인가요?"인데요. 그림책에서 인상 깊었던 키워드를 정리해서 활동지 가운데 자리에 기록합니다. 이때 그림책 제목을 활용해도 좋다는 이야기도 곁들여요.

두 번째 질문은 "중요하게 느껴진 키워드는 메타포 액자에서 무엇과 닮았나요?"입니다. 인상 깊은 키워드를 거울에 비추었다고 상상해 보고 메타포 액자의 키워드 중에서 무엇과 비슷한지 2개를 정해요. 즉, 그림책이 자신에게 어떻게 다가오는지를 키워드와 연결해 연상하는 훈련이죠.

한편, 액자의 단어가 아닌 자기 나름의 생각으로 키워드를 꺼내는 아이들도 있어요. 이때는 다양한 의견을 격려하며 어떤 근거나 이유로 그렇게 생각했는지 다른 친구들에게 입장을 분명하게 설명해달라고도 요청합니다.

아래가 그림책 『선물 같은 너에게』를 함께 읽고 메타포 거울시간 생각대화를 적용해 나눈 대화랍니다.

		메타포 액자				
달걀	기회				조심	한걸음
일꾼	문				해	새
도구	케이크	웃음	사람	바퀴	아름다움	경주
금	새	약	달리기	손잡이	판단	굴뚝
호기심	행동	꾸준함	설득	기다림	하늘	고요함
말	사과	끝	강인함	방법	시간	방법
최선	세상	선택	꿀	시작	숲	행운
도움	책	황금	아침	변화	흙	용감

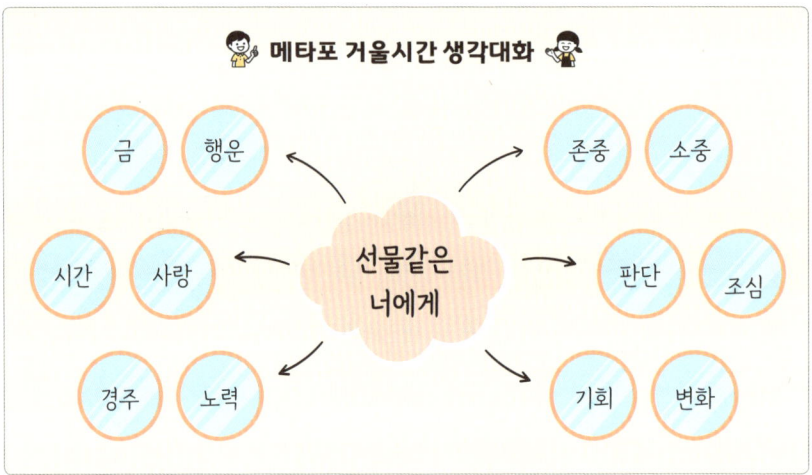

* **첫 번째 질문**

　교사: 그림책을 읽고 나서 중요하게 느껴진 키워드는 무엇인가요? 함께 생각을 모아 활동지 가운데 원에 써봅시다.

　학생 1: 저는 '선물 같은 너에게'를 선택했어요. 왜냐하면 이 그림책의 제목이기도 하고, 책에 나온 장면에서 선생님 말씀처럼 아이들이 모두 선물처럼 느껴졌거든요.

　학생 2: 저도 그림책 제목이 중요하게 느껴져요. 이 책은 우리에게 따뜻한 선물을 주는 것 같아요.

* 두 번째 질문

교사: 두 번째 질문입니다. 중요하게 느껴진 키워드는 메타포 액자에서 무엇과 닮았나요?

학생 1: 저는 '경주'와 비슷하다고 생각해요. 시합할 때 힘이 빠지고 계속 달려나가기 힘들잖아요. 그런데 이 책은 저에게 힘내라고 말해주는 것 같아요.

학생 2: 저는 이 그림책이 '존중'과 같은 듯해요. 이 책에서는 존중의 말을 전해 주거든요. 어린이들이 잘할 수 있도록 말이죠.

학생 3: 저는 이 그림책이 '판단'과 비슷하게 느껴져요. 순간순간 우리가 해야할 일이 있는데, 그때마다 좋은 선택을 할 수 있도록 도와주니까요.

학생 4: 저는 이 그림책이 '사랑'이라고 생각해요. 아이들을 사랑하는 어른들의 마음이 느껴져요. 특히 주인공만 빛나는 자리가 아니라고 말해준 장면에서 속상했던 기억이 떠오르면서 저를 사랑해 주는 어른들이 생각나요.

누구나 소중하고 빛나는 사람이라고 전해 주고 싶습니다. 몸도 마음도 건강한 어른으로 성장했으면 하고요. 그래서 친구와의 관계도, 스스로 소중히 여길 줄 아는 자기 존중의 마음도 중요함을 알려줍니다. 이때 빠트리지 않고 세상에는 좋은 사람이 많다는 말도 곁들여요. 그러면 아이들은 저마다 좋은 기억을 나누죠. 짧은 대화지만, 이를 계기로 아름다운 미래를 그려나가는 듯해 뿌듯함도 충만합니다.

[메타포 거울시간 생각대화 활동지]로 서로의 이야기를 나눠보세요.

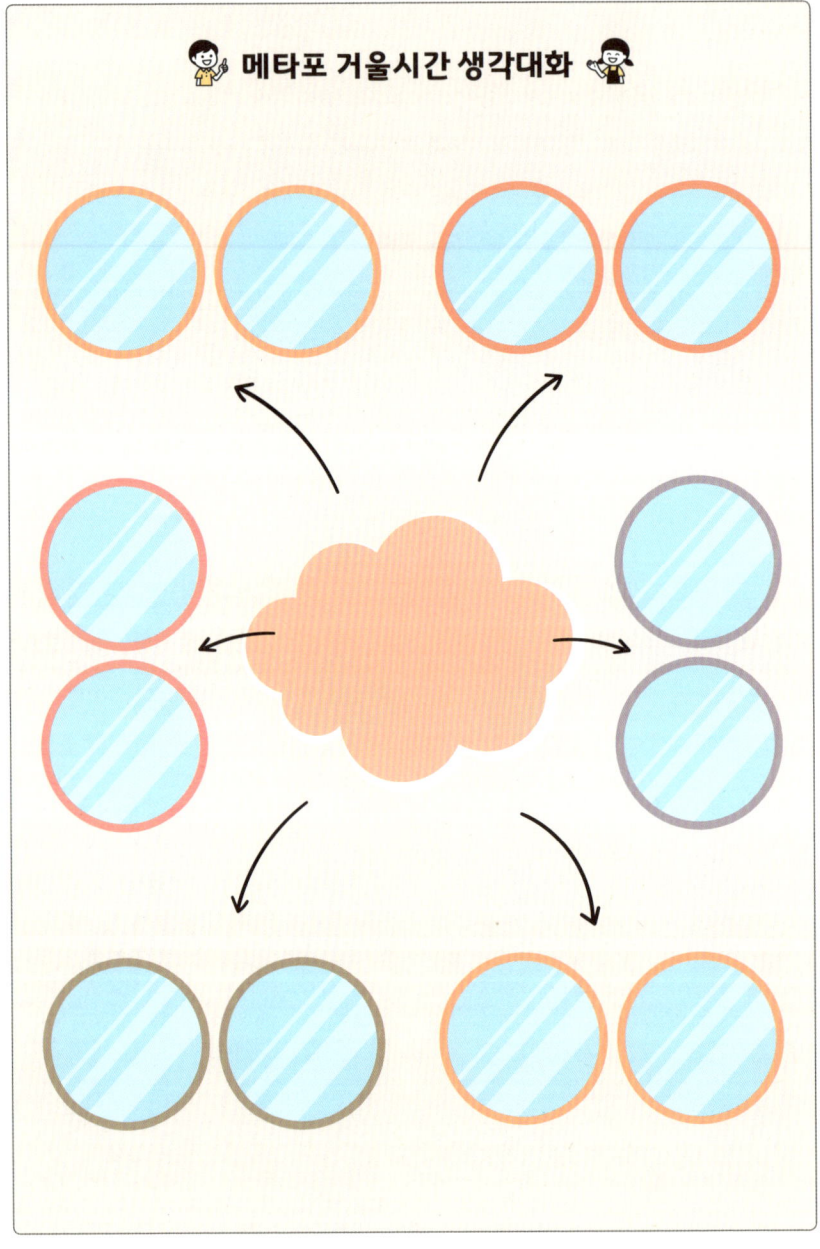

성장 톡톡

내가 가장 두렵다고 느낀 순간, 나를 지켜주는 사람을 떠올려 봐요.

나를 힘 나게 하는 말은 언제나 나를 감싸고 있어요.

때로는 힘들고 어렵기도 하겠지요.

하지만 나는 알고 있어요.

내 곁에는 나에게 힘을 주는 가족, 친구, 선생님이 있다는 것을 말이에요.

나는 선물 같아요.

누군가 알아주지 않아도 말이에요.

선물 같은 나에게 가장 큰 선물은 바로 나니까요.

'나'를 돌이켜보는
성찰 중심 생각대화

보석친구 생각대화

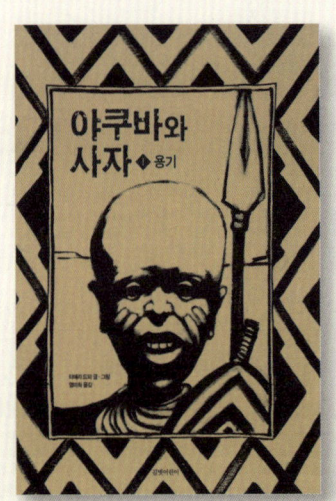

『야쿠바와 사자 1 (용기)』 | 티에리 드되 | 길벗어린이 | 2011

보석친구 생각대화의 주제도서는 그림책 『야쿠바와 사자』입니다. 아프리카 작은 마을에서 태어난 이 책의 주인공 야쿠바는 사자를 찾아 홀로 숲으로 들어갑니다. 사자와 맞서 싸워야만 전사로 인정받을 수 있거든요. 그런데 야쿠바가 만난 사자는 이미 피를 흘리며 쓰러져 있습니다. 그런 사자의 깊은 눈동자가 야쿠바에게 말을 걸어오죠. 힘이 빠진 사자에게 창을 꽂아 전사로 인정받을 것인지, 사자의 목숨을 살려주고 용기 없는 사람이 될지를 말이에요.

사자가 야쿠바에게 질문했듯 이 그림책도 아이들에게 물음을 던집니다. "진짜 용기가 무엇일까?", "쉽게 얻을 수 있는 명예도 인정받아야 할까?" 등이 그것입니다. 이에 아이들은 중요한 가치 앞에 스스로 마주합니다. 야쿠바의 고민이 깊어질수록 그림책을 읽는 아이들의 표정도 심각해집니다.

그 순간을 놓치지 않고 만약 본인이 야쿠바라면 어떻게 할지 아이들에게 묻습니다. 야쿠바가 왜 그런 선택을 했는지 각자의 생각을 들어보기도 하고요. 더불어 어떻게 하면 용기 있는 사람이 될지에 대한 의견도 모읍니다.

그런데 그림책이 전하는 메시지를 이해하면 알 수 있듯, 야쿠바가 한 행동은 평소 야쿠바가 '용기'를 어떻게 받아들이고 있었는지, 즉 그 가치가 중요하게 작용합니다. 이 핵심을 바탕으로 아이들에게 앞으로 어떻게 살 것인가는 자신의 가치관에 따라 달라질 수 있음을 알려주고 싶었어요.

한편, 삶의 가치를 다루는 수업은 아이들을 애태우게 합니다. 그만큼 고민하는 시간이 길어져서인데요. 지금까지 생각했던 것이 바뀌기도 하고, 타당하다고 여겼던 부분을 다시 확인하는 시간이 되기도 합니다. 이러한 이유로 가치를 다루는 수업에서 아이들을 바라보면 인생의 새로운 길목을 만나는 것 같아 제 마음도 숙연해집니다.

특히 그림책 『야쿠바와 사자』의 주인공 야쿠바는 아이들에게 긍정적인 가치와 행동을 구체적으로 보여주는데요. 여기서 도전하고 노력하는 주인공에게 어떤 마음이 느껴지는지 들려달라고 합니다. 아이들이 인물의 상황에 공감하며 이해하기를 바라는 마음으로요.

이 같은 활동은 상대방과 자기 자신을 비교해 봄으로써 성찰하게 하고, 타인의 행동에 대한 이해도를 높입니다. 여기에 더해 등장인물의 성장과 변화 과정을 관찰하면서 자기의 성장과 변화에 대해서도 추측해 볼 수 있죠. 그뿐만 아니라 인물의 장점을 찾도록 하여 긍정적인 가치와 행동을 배울 수 있지요.

이때 보석 찾기 확장 활동이 이루어집니다. 인물의 숨은 노력을 찾아내는 행위가 마치 보석을 발견하는 것 같아서 그렇게 표현해요. 또 숨어 있는 가치를 꼼꼼하게 찾아내는 아이들 모습이 광부 같기도 하고요. 반대로 인물의 단점을 보게 되면 개선의 기회로 만듭니다. 더 나아가 상대방에게서 아쉬운 점이 보였을 때 어떻게 피드백하며 의사소통할지 떠올려보는 기회가 되기도 하고요.

아래는 인물의 마음과 행동에서 소중한 보석을 찾으려고 애쓰며 아이들이 나누는 보석친구 생각대화 질문입니다.

보석친구 생각대화 질문

① 이 그림책에 나온 인물에게서 어떤 마음이 느껴지나요?
② 이 그림책에 나온 인물에게 빛나는 보석은 무엇인가요?
③ 이 그림책에 나온 인물에게 필요한 보석은 무엇인가요?

함께 대화를 나누며 성장해요

위의 질문을 통해 인물의 감정, 경험, 행동, 가치를 탐구하는 연습은 다른 사람들을 깊게 이해하면서 연결하는 힘을 키워줍니다. 다시 말해, 실제 생활에서도 관계를 개선하고 원활한 상호작용을 할 수 있도록 끌어주는 것이죠.

그럼, 각 질문을 어떻게 적용하는지 둘러볼까요?

첫 번째 질문은 "이 그림책에 나온 인물에게서 어떤 마음이 느껴지나요?"입니다. 생각 쪽지를 활용해서 각자 대답을 붙여도 되고 활동지에 직접 써도 됩니다. 아이마다 느끼는 마음이 다를 수 있지요. 이 다름에서 각자 이유를 말하며 여러 방향에서 생각을 살펴보게 합니다.

두 번째 질문은 "이 그림책에 나온 인물에게 빛나는 보석은 무엇인가요?"입니다. 여기서 빛나는 보석은 그 인물의 좋은 점으로, 인물의 다양한 말과 행동에서 긍정적인 면을 발견하여 미덕의 보석을 찾아줘요. 이때 미덕의 보석은 아름다운 가치를 의미해요. 같은 보석을 발견했지만, 그것을 뒷받침해 주는 인물의 말과 행동이 달라서 다양한 관점을 듣는 시간이기도 해요.

세 번째 질문은 "이 그림책에 나온 인물에게 필요한 보석은 무엇인가요?"입니다. 필요한 보석은 그 인물에게 필요한 점이나 부족한 점을 채워주는 대상을 뜻하기에, 아이들에게 누구나 완벽하지 않다고 전하며 그림책에 나온 인물에게서 다소 아쉬운 점이나 도와줄 수 있는 부분을 찾아보자고 요청합니다. 그에 더해 왜 그 보석을 골랐는지에 대한 이유를 설명해달라고도 하고요.

아래는 그림책 『야쿠바와 사자』를 함께 읽고 보석친구 생각대화를 적용해 나눈 대화입니다.

* **첫 번째 질문**

교사: 이 그림책에 나온 인물에게서 어떤 마음이 느껴지나요?

학생 1: 저는 '다행'이라는 마음이 들어요. 왜냐하면 야쿠바가 용기 있는 선택을 했고, 다행히 사자와 야쿠바 모두 크게 다치지 않았잖아요.

학생 2: 저는 '친절한' 마음이 들어요. 야쿠바가 친절한 행동으로 사자를 대했다는 생각이 들거든요.

★ 두 번째 질문

교사: 두 번째 질문입니다. 이 그림책에 나온 인물에게 빛나는 보석은 무엇인가요?
학생 1: 저는 야쿠바의 행동으로 '이해의 미덕'이 빛난다고 생각해요. 야쿠바는 사자의 상황을 이해해서 사자를 다치지 않게 보호해 줬잖아요.
학생 2: 저는 야쿠바에게 '정직의 미덕'이 빛나는 듯해요. 아무도 보지 않아서 사자를 죽일 수도 있었겠지만 정직하게 사자를 살펴줬으니까요.

★ 세 번째 질문

교사: 마지막 질문입니다. 이 그림책에서 나온 인물에게 필요한 보석은 무엇인가요?
학생 1: 저는 야쿠바에게 '소통의 미덕'이 필요해 보여요. 사자를 죽이지 않고 마을로 돌아왔을 때, 사람들과 아버지는 싸늘한 침묵으로 보냈다고 했잖아요. 그때 야쿠바가 솔직하게 말했으면 어땠을까 했거든요.
학생 2: 저는 야쿠바에게 '기쁨의 미덕'이 필요한 것 같아요. 그림책에 나온 야쿠바의 표정이 어둡게 느껴졌거든요. 숲속에서 살아온 것도 기쁜 일이라고 생각해요.

이렇듯 그림책 속 인물의 말과 행동에서 중요한 가치를 바라본 경험은 이전과는 모든 면에서 달라지게 합니다. 즉, 어른들의 말이라서, 책에 나온 내용이라서 따르는 것이 아니라, 여러 질문 앞에서 고민하고 애쓰며 끌어낸 사유로 어떤 결정이든 스스로 판단하려고 노력하게 하니까요.

부디 보석친구 생각대화 활용으로 선한 행동과 마음가짐을 스스로 점검하며 인물의 감정을 인식하고, 표현하는 방법을 배우는 장으로 채워지길 바라요. 가능하다면, 아이들이 다양성을 인정하고, 다른 사람을 이해하는 미덕의 보석이 매일 빛났으면 합니다.

[보석친구 생각대화 활동지]로 서로의 이야기를 나눠보세요.

성장 톡톡

내가 가장 두려웠을 때를 떠올려 봅니다.
주변에 그 누구도 없이 혼자 있을 때 느끼는 두려움은
막막함과 함께 두 발로 버티고 서있기도 힘겹게 하지요.
그런데도 우리는 두 발에 힘을 주고 정면을 바라봅니다.
그 선택이 나를 위한 것이니까요.
나를 떳떳하게 만들어 줄 테니까요.

가장 용기가 필요한 순간은 언제였나요?
누구에게 가장 큰 용기가 필요할까요?

질문 앞에서 용기를 내어 크게 말해봅니다.
한번 해보자고 말이죠.

'나'를 돌이켜보는
성찰 중심 생각대화

배움지도 생각대화

『소쉬르, 몽블랑에 오르다』 | 피에르 장지위스 | 책빛 | 2018

배움지도 생각대화의 주제도서는 그림책 『소쉬르, 몽블랑에 오르다』입니다. 이 책에서는 개미처럼 작게 보이는 사람들이 산을 따라 모험을 떠나는데요. 하얀 눈과 바위로 가득 찬, 또 다른 세상으로 떠나는 사람들은 어떤 마음이었을까요? 당시 높은 산에는 악마가 산다고 믿었던 사람들에게 산을 넘나드는 탐험은 한계를 넘어서는 일이었어요. 이 가운데 주인공 소쉬르의 몽블랑 등정을 따라가며 깨닫게 되는 부분은, 사람은 거대한 자연 앞에서 작은 점처럼 아주 작은 존재라는 사실입니다. 또한, 제대로 된 장비 없이 길을 나서는 사람들의 힘듦도 짐작해 볼 수 있고요. 쇠 징을 박아 등산화처럼 만든 뾰족한 신발을 신고 산을 오르는 장면에서 몽블랑 여정이 쉽지 않음을 알 수 있거든요. 그런데도 소쉬르는 아름다운 세상을 향한 걸음을 멈추지 않습니다.

여기서 새로운 세상을 향해 도전하는 사람들은 그 과정에서 무엇을 보고 들은 것인지, 무엇이 그들을 새로운 탐험으로 나아가게 했는지 등의 질문을 갖게 되었습니다. 이어서 아이들은 새로운 것을 배우고 도전하는 과정에서 어떤 경험을 하는지 궁금해졌습니다.

여기서 착안하여, 여행을 떠날 때 지도를 참고하여 새로운 곳을 찾아내는 것처럼 아이들이 배움에서 받아들이는 내용을 살펴보고 싶었습니다. 그리하여 '배움지도'를 구성하여 자신이 익힌 내용을 스스로 살펴보면서 어떤 내용이 익숙한지, 할 수 있는지, 해보고 싶은지 등을 고려하며 활동을 이어 나갈 수 있도록 했습니다. 그랬더니 아이들은 적절한 전략으로 자기를 조절하며 나도 할 수 있다는 자신감으로 계속해서 새로운 학습을 해나가는 모습을 보여주었습니다.

요약하자면, 그림책을 읽고 난 뒤 작성하는 배움지도는 본 것, 들은 것, 생각한 것, 비슷하게 행동한 것을 살펴보도록 하면서, 아이들 스스로 새로운 경험과 지식을 확인하게 하고, 자신의 강점과 약점을 파악하도록 돕습니다. 물론 이 과정에서도 아이들은 다양한 경험과 관점을 접하게 되어 타인의 상황에 공감과 이해의 폭을 넓혀나가죠.

아래는 본 것, 들은 것, 생각한 것, 비슷하게 행동한 것을 바탕으로 배움 여행에 적극적으로 참여하는 아이들에게 던진 배움지도 생각대화 질문입니다.

배움지도 생각대화 질문

① 그림책에서 본 것은 무엇인가요?
② 그림책에서 들은 것은 무엇인가요?
③ 그림책에서 나왔던 내용과 비슷한 자기 경험은 무엇인가요?
④ 그림책을 읽고 나서 어떤 생각을 하게 되었나요?

함께 대화를 나누며 성장해요

배움지도 생각대화는 여행 후 자신이 경험했던 것을 되돌아보듯, 그림책을 읽으면서 들었던 생각이나 느낌을 되돌아보는 시간으로 구성됩니다. 그림책에서 기억에 남았거나 인상 깊은 장면을 나눈 후, 자기 경험을 떠올려 보게 하는 이유는 자신에 대해 알아가게 하기 위함입니다. 본인을 기준으로 삼아 과거를 회상하게 되면 두루뭉술했던 생각을 정리할 수 있으니까요.

이때 하나의 질문에 친구들의 대답을 차례대로 듣고 난 뒤, 다음 질문으로 진행하거나 4가지 질문에 생각을 떠올린 뒤에 함께 대화를 나눌 수도 있어요.

이러한 배움지도 생각대화의 각 질문은 이렇게 적용해요.

첫 번째 질문은 "그림책에서 본 것은 무엇인가요?"로, 인물이 겪은 상황을 기억하면서 감정을 인식하고 공감할 기회를 만듭니다. 이야기 속에서 마주하는 문제나 도전 과제를 해결하는 과정에서 인물이 어떤 마음인지 살펴보게 하고요.

두 번째 질문은 "그림책에서 들은 것은 무엇인가요?"입니다. 이야기를 다양하게 해석하면서 아이들이 인물이나 상황에 대해 가상의 내용을 만들어 보도록 합니다. 이로써 주인공의 감정을 파악하고 이해하게 되면서 자신의 감정을 인식하고 다른 사람의 감정을 공감하도록 하지요.

세 번째 질문은 "그림책에서 나왔던 내용과 비슷한 자기 경험은 무엇인가요?"로, 그림책에서 주인공이 마주한 문제나 도전과 같은 상황을 자기 경험과 연결해 아이들이 비슷한 상황에서 어떻게 문제를 해결하고 대처할 수 있는지 생각해 보도록 합니다. 만일 아이들이 경험을 꺼낼 때 어렵게 느낀다면, 누구에게나 비슷한 일이 생길 수 있다는 점을 곁들이며 자신을 믿고 문제 해결에 초점을 맞추도록 안내합니다.

네 번째 질문은 "그림책을 읽고 나서 어떤 생각을 하게 되었나요?"입니다. 주인공이 어떻게 성장하고 문제를 해결하는지를 보면서 아이들이 자신의 가능성과 성장에 대해 상상해 보도록 해요. 그리고 등장인물들의 상호작용, 갈등, 협력 등을 들여다보며 아이들이 어떤 점을 배울 수 있는지 찾아내도록 합니다.

아래는 그림책 『소쉬르, 몽블랑에 오르다』를 함께 읽고 배움지도 생각대화를 적용해 나눈 대화입니다.

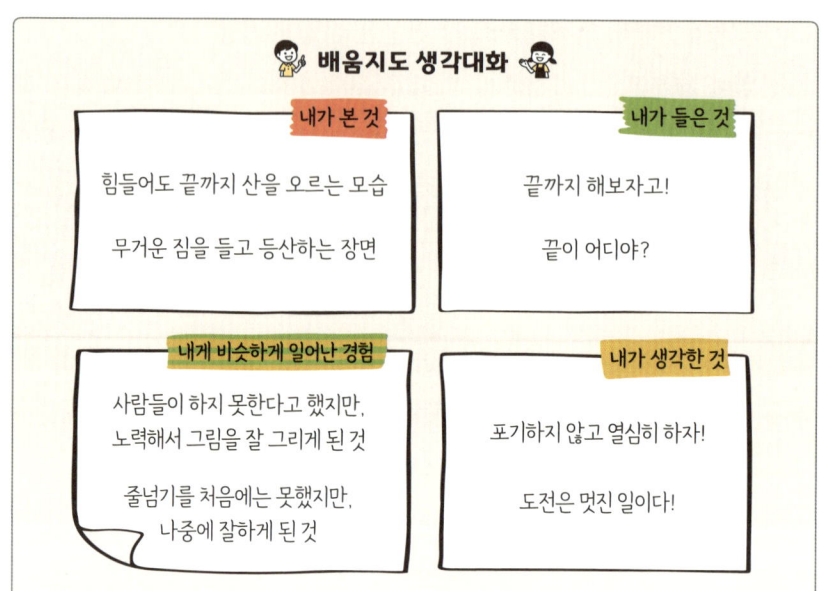

* 첫 번째 질문

교사: 그림책에서 본 것은 무엇인가요?

학생 1: 힘들어도 끝까지 산을 오르는 모습을 보았어요. 누군가는 포기하고 싶은 순간이 있었을 텐데 끝까지 해내는 모습이 멋지다고 생각해요.

학생 2: 무거운 짐을 들고 등산하는 장면이 기억에 남아요. 그냥 가도 힘들 텐데 많은 짐을 어떻게 들고 갔을까 궁금하기도 하고요.

* 두 번째 질문

교사: 두 번째 질문입니다. 그림책에서 들은 것은 무엇인가요?

학생 1: "끝까지 해보자고!"라는 소리가 들리는 것 같았어요. 처음에 많았던 사람들이 갈수록 적어졌어요. 대신, 끝까지 해내는 사람들이 서로에게 외치는 소리가 응원하는 것 같았어요.

학생 2: "끝이 어디야?"라고 묻는 소리가 들려요. 저도 등산을 가봤지만 끝이 안 보여서 힘들었거든요.

* **세 번째 질문**

교사: 세 번째 질문입니다. 그림책에서 나왔던 내용과 비슷한 자기 경험은 무엇인가요?

학생 1: 가족들이 제가 그림을 못 그린다고 했지만, 그림 그리는 것을 끝까지 포기하지 않은 적이 있어요.

학생 2: 줄넘기를 처음에는 5개도 못했는데 결국 171개까지 해냈어요.

* **네 번째 질문**

교사: 마지막 질문입니다. 그림책을 읽고 나서 어떤 생각을 하게 되었나요?

학생 1: 어떤 일이든 노력하면 가능하다는 생각이 들었어요. 포기했으면 못 했을 일이지만, 끝까지 노력하면서 결국에는 해냈거든요.

학생 2: 도전은 멋진 일인 것 같아요. 새로운 경험을 함으로써 다음에 또 다른 일을 해보게 해주니까요.

이렇게 아이들은 자신을 돌아보는 시간으로 자기를 이해하는 힘을 가집니다. 감정, 행동, 가치관, 장단점 등을 살펴보면서 있는 그대로 자신을 받아들이지요.

개인적으로 성찰하는 공부야말로 세상에서 가장 힘센 공부라고 믿습니다. 목표에 맞추어 자신이 원하는 방향으로 성장하는 힘을 내부에서 뿜어져 나오게 하거든요. 이러한 이유로 배움의 과정에 아이들이 가만히 지켜보는 구경꾼이 아니라, 직접 지도를 들고 자신의 배움을 점검하며 다른 사람과 연결하는 탐구자로 도전을 계속하기를 기대합니다.

[배움지도 생각대화 활동지]로 서로의 이야기를 나눠보세요.

성장 톡톡

내가 꼭 해내고 싶은 일을 자세히 살펴봅니다.

시간을 많이 보냅니다.

불가능하다고 여겨지기도 하지만, 기어이 해내고 싶기도 하지요.

물론 두려움이 없는 것은 아닙니다.

그럼에도 용기를 내어 친구와 함께 도전해 보는 그 일이

나에게 얼마나 놀라운 힘이 되어줄지 알고 있어서 끝까지 도전해 봅니다.

할 수 있다고 외칩니다.

불가능했던 일도 서서히 가능한 일도 나에게 보이기 시작합니다.

네, 나는 할 수 있습니다.

그렇게 믿고 있으니까요.

일상을 든든하게 만들어나가길

생각대화를 나누다 보면 아이들에게 이런 질문이 떠오릅니다.

'내 생각이 과연 쓸모가 있을까?'
'이렇게 말해도 될까?'

지금까지 다른 사람의 기준에 따라왔기에 아이들은 자기 생각을 꺼내면서 머뭇거립니다. 실수하는 자신을 바라보는 게 두렵기 때문이죠. 왜냐하면 아이들은 작은 실수에도 움츠러드니까요. 가장 안타까울 때는 아이들에게 다른 사람의 판단에 익숙해져 있는 모습이 보이는 순간입니다. 그로 인해 자기 생각을 말하면서도 다른 사람이 평가해주기를 기다리고요.

이 같은 광경으로 인해 저는 자신을 기준으로 대화에 참여하는 훈련이 더욱 중요하게 느껴집니다. 특히 각자 바라보는 시선이 다르다는 사실을 마주하게 되면, 그 다름이 틀림을 의미하는 게 아니라고 받아들이

게 되고 점차 자기 견해를 전달하는 데 자연스러워지거든요. 여기에 '그림책 생각대화'가 큰 역할을 해주고 있고요.

더 나아가 아래와 같은 질문을 품게 된다면 발전 가능성이 높습니다.

'왜 대화를 나누나요?'
'나는 어떤 대화를 나누고 싶은 걸까요?'

대화를 나누는 이유가 분명하면 생각을 잘 전달하고 싶어서 사고하는 시간이 늘어나니까요. 친구에게 들었던 내용을 다시 묻기도 하고 반복해서 생각해 보거든요. 이런 시도가 모여 배움의 주인이 됩니다. 다른 사람의 판단을 기다리기보다 즐겁게 참여하는 데 의의를 두고요.

지금까지 살펴봤듯, 그림책 생각대화는 다른 사람들의 시선도 이해하게 합니다. 당연히 나와 다른 생각을 받아들이는 마음이 커지죠. 때로는 서로의 의견을 더해보면서 새로운 아이디어를 만들기도 하고요. 이 과정에서 아이들은 서로를 천천히 바라보고, 차분하게 경청하지요.

물론 자기 입장을 제대로 밝힐 수 없고 정답처럼 빠르게 생각이나 느낌을 꺼내지 못해 답답해하기도 합니다. 그렇다고 나쁜 건 아니에요. 이로써 인내하는 힘이 커지니까요.

'어떤 생각이 있는지 한번 살펴볼까?'

이는 제가 그림책 생각대화를 나누면서 중요하게 생각하는 가치 중 하나입니다. 생각대화에 참여하는 아이들은 처음부터 완전하게 말하려고 애쓰거든요. 하지만 완벽한 모습만을 추구한다면 대화는 계속해서 이어지지 않게 됩니다. 반대로 편안한 마음으로 자신을 대하면 지치지 않고 완주합니다. 대화에 책임감도 생겨나고요. 한마디로, 자기 생각을 분명하게 나타내기 위해 연습을 하는 마음으로 참여한다면, 다른 사람의 이야기를 더 자세히 듣게 되고 그 마음들을 소중히 여기게 되지요.

　세상에는 수학 정답처럼 정해진 생각은 없어요. 그러니 우리 아이들은 이렇게도 해보고, 저렇게도 도전해 나가는 기회가 되도록 많이 주어져야 하지 않을까 합니다. 평가의 파도가 자신을 내리누를 때 압도되지 않고 '완벽한 사람이 어딨어? 해보면서 알게 되는 거야!'라고 스스로 말해줄 수 있게요. 그러면 자신의 문제를 덤덤하게 바라보며 순조롭게 해결할 수도 있겠지요.

　모쪼록 많은 어린이가 이렇게 관점을 넓혀주는 그림책 생각대화를 만나 세상을 견디는 힘을 키워나가길 바랍니다.

마지막으로 전하는
성장 톡톡

하루를 보내며 어떤 생각을 가장 많이 하나요?

어떤 느낌이 드나요?

매일 비슷한 시간을 보내고 있지만 때때로 두려움과 막막함이 밀려옵니다.

잘 해낼 수 있을까, 틀리면 어쩌나 하는 생각이 우리를 자주 머뭇거리게 만드니까요.

그러면 저는 아이들과 함께하는 시간을 곰곰이 떠올려 봅니다.

혹시 시간에 쫓겨 진짜 내 생각, 내 마음을 놓치고 있지는 않나요?

자신만의 생각과 느낌을 살펴보고 이해하는 시간은 왜 중요할까요?

함께하는 시간을 대화로 채우며 선물 같은 힘을 기대합니다.

있는 그대로, 존재로 서로를 바라보며 존중의 마음으로 대화를 시작해요.

어떤 감정이라도 꺼낼 수 있어요.

틀린 감정, 부족한 감정, 어떤 감정이라도 정답은 없으니까요.

지금 여기에서 함께 대화를 나누는 것이 고맙고, 존재 자체로 서로 귀하게 느껴집니다.

좋은 감정이 느껴집니다.

좋은 감정은 대화를 나누는 아이들의 표정도 밝게 만들어줘요.

또 마음껏 이야기를 꺼내게 하지요.

서로를 이해하는 느낌이 강하게 밀려옵니다.

앞으로 우리를 위해 무엇을 선택하면 좋을지 분명한 느낌도 들고요.

이 또한 친구들과 함께 대화를 나누며 경험하는 일입니다.

무언가 도전하고 싶고, 자신을 멋지게 만들고 싶은 마음이 듭니다.

아닌 척, 괜찮은 척, 모르는 척하는 자신이 아니라,

진솔한 감정을 꺼내며 나누는 진짜 자신을 만나게 되지요.

매 순간 스스로 돌보는 경험을 선택합니다.

자신을 사랑하고, 소중하게 대해요.

편안한 마음으로 대화를 나누면서 아이들은 어떤 힘이 길러질까요?

첫눈에 들어오는 장면을 자세히 살펴보는 힘

같은 장면을 보아도 다른 방향의 이야기를 나누면서 듣는 힘

자기 생각이나 느낌을 친절하게 설명하면서 말하는 힘

대화를 마치고, 자기 생각을 근사하게 정리하면서 쓰는 힘

대화를 나누는 것이 이렇게 신나는 일인지 느끼면서 계속해서 누군가와 함께하는 힘

다른 사람의 입장에서 진지하게 생각하면서 공감하는 힘

들려주는 이야기가 궁금하기도 하고, 신나서 대화 자리를 지키며 머무는 힘

선물같이 거대한 힘이 우리를 기다리고 있지요.

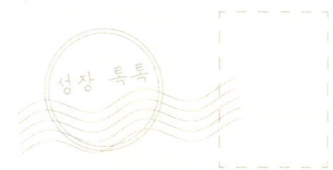

막막하고 부담스러웠던 일을 차분하게 생각해요.

예전처럼 머뭇거리지 않아요.

함께 대화 나누며 보낸 시간이 선물 같은 힘으로

일상을 든든하게 살아가게 해줄 테니까요.

"벌써 끝났어요?"

"또 해요!"

"별거 아니었네요."

대화를 나누는 시간이 고맙고 감사하게 느껴집니다.

우리의 일상을 편안한 미소와 긍정의 끄덕임으로 채워주니까요.

배움의 주인공이 되는
그림책 생각대화

초판 1쇄 발행 2024년 1월 30일

지은이 구은복

발행인 김병주
기획편집위원회 김춘성 한민호 **디자인** 정진주 **마케팅** 진영숙
에듀니티교육연구소 이문주 백헌탁
행복한연수원 이종균

펴낸 곳 (주)에듀니티
도서문의 1644-5798
일원화 구입처 031-407-6368 (주)태양서적
등록 2009년 1월 6일 제300-2011-51호
주소 서울특별시 중구 남대문로 117, 동아빌딩 11층
출판 이메일 book@eduniety.net
홈페이지 www.eduniety.net
페이스북 www.facebook.com/eduniety
인스타그램 www.instagram.com/eduniety/
　　　　　　www.instagram.com/eduniety_books/
포스트 post.naver.com/eduniety

문의하기

투고안내

ISBN 979-11-6425-161-2

값은 뒤표지에 있습니다.

- 이 책은 저작권법에 따라 한국 내에서 보호를 받는 저작물이므로 무단 전재 및 복제를 금합니다.
- 잘못된 책은 구입한 곳에서 바꿔드립니다.